I. Polaschek · Helfende Hände für hilflose Tiere

INGEBORG POLASCHEK

Helfende Hände für hilflose Tiere

VERLAG J. NEUMANN-NEUDAMM

Die im Buch enthaltenen Zeichnungen wurden dem Verlagsarchiv entnommen.

CIP-Kurzaufnahme der Deutschen Bibliothek
Polaschek, Ingeborg: Helfende Hände für hilflose Tiere / Ingeborg Polaschek.
Melsungen: Neumann-Neudamm, 1981.
ISBN 3-7888-0362-2

1981
© Verlag J. Neumann-Neudamm, Melsungen
Alle Rechte, auch das der Übersetzung in fremde Sprachen, der Bearbeitung als Hör- oder Fernsehspiel, der Übertragung auf Mikro- oder Makrofilm sowie des Kopierens in jeglicher Form, vorbehalten.
Satz und Druck: Werbedruck KG Horst Schreckhase, 3509 Spangenberg
Buchbinderei: Freitag & Co., 3500 Kassel

Zum Geleit

„Es gibt viele Tierbücher in der Bundesrepublik Deutschland. Wenige davon verfolgen damit einen tierschützerischen Zweck. Eine Ausnahme bildet dieses Tierbuch. Es unterhält, macht nachdenklich und veranlaßt zu eigener Aktivität. Gerade der persönliche Einsatz jedes einzelnen erscheint notwendig, um in dieser Zeit die Tiere und damit das Weiterleben des Menschen zu sichern. Wir müssen uns alle gegen Vermarktung, vor allem gegen den Drang mit Lebewesen auch in skrupelloser Weise Geld zu verdienen, einsetzen. Ich bedanke mich bei der Verfasserin für ihren Einsatz zu Gunsten der Tierwelt."

Dr. Andreas Grasmüller
Präsident des Deutschen Tierschutzbundes

Vorwort

Oftmals wurde an mich die Frage gestellt: Warum schreibst du deine Erlebnisse nicht nieder, damit auch andere daran Freude haben — oder, wie es kommt — etwas traurig sind? Und wirklich, ich führe ein reiches Leben. Reich an lustigen und traurigen Geschichten, die ich im Laufe der Zeit mit meinen Pfleglingen erleben durfte.
Es ist schön zu wissen, daß in der heutigen Zeit, die geprägt ist von Hetze und Existenzkampf, doch noch Menschen die Zeit finden, mit verletzten oder hungernden Tieren zu mir zu kommen.
Sei es das Ehepaar, das im Hochsommer einen Weg von sechzig Kilometern nicht scheute, im überhitzten Auto einen schon halbverendeten Vogel in meine Obhut zu bringen.
Oder sei es das alte Mütterchen aus dem Nachbardorf, das trotz Regen und Kälte einen kranken Igel mit dem Fahrrad zu mir transportierte.
Das alles hat mich bewogen, meine Erlebnisse niederzuschreiben in Dankbarkeit an alle Mitmenschen, die Freude an der Natur haben und für die ein Tier nicht nur eine Sache ist.

Altenhaßlau, im Frühjahr 1981

Ingeborg Polaschek

Inhalt

Zum Geleit	5
Vorwort	6
Die Igelschwemme	9
Lämmi	21
Lora	30
Die Trompeten von Jericho	36
Adolf Hahn	43
Vogelkinderstube	50
Bonni	58
Nosferatu	71
HR 3 und die Igel	80
Leid und Freud	89

Die Igelschwemme

Der Sommer war wunderbar und die warmen Tage zogen sich bis in den Herbst hinein. Für Igel das beste Wetter, schnell noch einmal für Nachwuchs zu sorgen. Menschlich gesehen war das zwar schön für den Igelmann, doch für mich gab es späterhin eine kaum zu bewältigende Aufgabe. Bei Kälteeinbruch nämlich lief dieser stachelige Nachwuchs untergewichtig und ratlos umher. Flöhe und Zecken tummelten sich zwischen den Stacheln und für den hungrigen Magen gab es auch nichts Brauchbares mehr zu finden. Mit zweihundert oder dreihundert Gramm Gewicht war an einen Winterschlaf noch gar nicht zu denken. Mindestens siebenhundertfünfzig Gramm müssen Igel auf die Waage bringen, um den Winterschlaf unbeschadet überstehen zu können.
Durch die Aufzucht von fünf kleinen Igelchen, deren Mutter im August überfahren worden war, hatte ich wertvolle Erfahrungen sammeln können und harrte nun der Dinge, die auf mich zukommen sollten.
Anfang Oktober war es dann soweit. Das erste Igelkind hielt seinen Einzug. Es wurde gewogen und mit einem Gewicht von einhundertfünfzig Gramm als zu leicht befunden. Aber es war sauber und hatte keine Flöhe. Aus dem Unterkiefer wuchsen wie kleine weiße Nadelspitzen die ersten Eckzähne hervor. Der Igel schien apathisch und fühlte sich kalt an. In solchen Fällen war Eile geboten. Heizkissen anwärmen, Pipette mit Babynahrung füllen, schnell in den Keller laufen, eine Kiste mit Heu und warmen Lappen heraufholen und letzten Endes den Elektroherd noch ausschalten, weil man vorerst doch nicht zum Mittagessen kommen würde.
Zwischendurch Telefongeklingel: ,,Guten Tag, sind Sie die Stelle, wo man kleine Igel abgeben kann?"
,,Ja, bitte schön, bringen Sie ihn nur gleich vorbei."
,,Ach könnten Sie ihn nicht abholen? Wir haben kein Fahrzeug," sagte die Anruferin bittend.
,,Natürlich, ich bin in einer halben Stunde da!"
Das Mittagessen wird zum Abendessen umfunktioniert. Nicht so wichtig. Wichtig nur der Igel. Nur nicht stören lassen beim Füt-

tern. Der Igel muß trinken. Wie oft hat man schon um das kleine bißchen Leben gekämpft, erfolglos, zu spät. Aber dieser hier will leben. Gierig saugt er und läßt sich dann zufrieden sein Bäuchlein massieren. Die Stacheln glatt und angelegt, fühlt er sich wieder warm und weich an. Ich kann ihn nun unbesorgt in seiner Kiste schlafen lassen. Schnell also den Wagen aus der Garage fahren, um den nächsten Patienten abzuholen.

Es war ein Igelmädchen. Gewicht zweihundert Gramm. Beim Untersuchen des Tieres hüpften die Flöhe lustig auf meinem Handrücken umher. Auch mit Zecken war das Igelkind reich gesegnet. Wenn diese unangenehmen Zeitgenossen hinter den Igelohren sitzen, sind sie besonders schwierig zu entfernen. Jedesmal, wenn man mit der Pinzette nur in die Nähe des Ohres kommt und ein kleines Haar berührt, zieht sich der Igel sofort zusammen, und man muß mit viel Geduld an diese Anti-Zeckenaktion herangehen. Flöhe dagegen sind kein großes Problem. Mit einem Flohspray ist der Igel schnell von den Plagegeistern befreit.

Bei meinem kleinen Igelmädchen aber gab es Schlimmeres. Ein böses, rasselndes Geräusch bei jedem Atemzug machte mir klar, daß ich selbst nicht helfen konnte. Höchstwahrscheinlich hatte das Tier einen Lungenwurm. Wenn die Diagnose nach einer Kotuntersuchung feststeht, ist das Leiden durch den Tierarzt mit zwei Spritzen zu beheben. Der Schleim löst sich, die Lungen sind wieder frei.

Wieder war Eile geboten. Auch mein Magen war dieser Meinung. Schon um das Mittagessen betrogen, sah er nun auch das Abendessen in weite Ferne rücken. Er begann, laut und anhaltend zu protestieren. Die so oft gehörten mahnenden Worte meines Mannes: „Wenn du krank wirst, ist keinem geholfen", veranlaßten mich, den knurrenden Magen schnell zwischendurch mit einer Tafel Schokolade zu beruhigen. Die Nudeln vom ausgefallenen Mittagessen waren sowieso kalt geworden und hingen nicht gerade einladend im Sieb. Sie hofften, später in gebratenem Zustand doch noch ihren eigentlichen Zweck zu erfüllen.

Es begann schon zu dämmern, als ich vom Tierarzt zurückkam. Wie vorausgesehen, hatte das Igelmädchen eine Spritze bekommen. Die Behausung war schnell fertiggestellt und mit Futter und Wasser bestückt. Beruhigt konnten wir Igelkind Nummer zwei der

Genesung entgegenschlafen lassen. Doch auch das langersehnte Abendessen mußte verschoben werden. Während meiner Abwesenheit hatte mein Mann einen Anruf entgegengenommen. Einen etwas mysteriösen Anruf, wie mir schien. Mitten in der Stadt hatte jemand beim Umbau seines Hauses einen, wie er meinte, Waschbären gefunden. Mein Mann hatte die Telefonnummer des Anrufers aufgeschrieben und ich rief zurück. Ein freundlicher Herr meldete sich und erzählte aufgeregt von einem süßen Tierchen, das ganz zahm sei und sich von der ganzen Famile streicheln ließe. Skeptisch bat ich den Anrufer um Auskunft, ob der Schwanz des Tieres, wie der eines Waschbären gebändert sei. Nein, gebändert sei er nicht und er sähe auch ziemlich nackt aus. Die Größe des Tieres, meinte der Mann, sei mit der eines Igels zu vergleichen. Vorsicht, dachte ich, ein wildes Tier und so zahm? Ich bat den Anrufer, sich vorsichtshalber die Hände zu waschen und das Tier nicht mehr anzufassen.

,,Das ist niemals ein Waschbär", sagte mein Mann, als wir zur Oberstadt hochfuhren.

,,Aber was kann es sein?" fragte ich grübelnd.

,,Hast du Handschuhe mit?" mein Mann hatte einen besorgten Ausdruck im Gesicht. Sicher dachte er an Tollwut.

,,Ja die Handschuhe habe ich in der Tasche", antwortete ich beruhigend.

Unser Auto schnaufte hinauf zur Altstadt. Vor einem der malerischen Fachwerkhäuser wurden wir schon erwartet, und in einen tiefen, gewölbeartigen Keller geführt. Dort stand auf einem Holztisch ein großer, brauner Pappkarton. Der Anblick faszinierte mich. Ich war neugierig geworden und das Öffnen dieses braunen Pappkartons war für mich viel anziehender als das Auspacken von Weihnachtspäckchen. Nachdem ich die Handschuhe übergestreift hatte, hob ich die Kartonklappen nach oben. Wir beugten uns über den nun sichtbar gewordenen Inhalt.

Mein Mann brachte nur ein Wort hervor: ,,Ratte!"

Und ich: ,,Bisamratte."

Rätselhaft blieb, was dieses pflanzenfressende, wasserliebende Tier zwischen den alten Mauern der Oberstadt zu suchen hatte.

Es war spät und dunkel als wir nach Hause kamen. Unberührt hin-

gen noch immer die Nudeln im Sieb. Doch wozu hat der Mensch einen Kühlschrank? Hinein mit ihnen bis zum nächsten Appetit.
Es wurde kälter. Die Welt sah traurig aus. Es regnete und schneite oft. Wohlgenährte Igel suchen jetzt ihre Winterquartiere auf. Ein Glück, daß sie nicht, wie Tausende ihrer Artgenossen, den Tod auf der Straße gefunden hatten. Fünf Kisten standen in meinem Igelzimmer bereit, um unterernährte und kranke Tiere aufzunehmen. Daß diese Anzahl bei weitem nicht ausreichte, merkte ich bald. Eines Tages standen zwei Herren mit einer Riesenkiste vor meiner Tür: „Guten Tag, ist hier die Igelauffangstation?"
„Ja."
„Wir bringen kleine Igel."
„Wieviel?" fragte ich ahnungsvoll.
„Vier Stück."
„Woher haben Sie denn so viel auf einmal?" wollte ich wissen.
„Tja, wir hatten immer fünf Igel im Garten. Aber auf einmal war die Mutter weg, und wir können doch nun die Kleinen nicht alleine in der Kälte herumlaufen lassen!" antworteten die Herren besorgt. Es war mir klar, daß sich die Mutter zum Winterschlaf zurückgezogen hatte und der Nachwuchs nun auf sich selbst angewiesen war. Glücklicherweise handelte es sich bei den kleinen Igeln um Geschwister und ich konnte sie anfangs unbesorgt in einer Kiste zusammen unterbringen. Igel, die sich fremd sind dagegen, sind sehr streitsüchtig. Man sollte sie nicht zusammensetzen. Ich hatte einige Versuche gemacht. In den meisten Fällen fauchten sie sich an und nahmen keine Nahrung zu sich. Da dies für eine erfolgreiche Aufzucht ungünstig war, mußte ich für jeden Neuankömmling eine Extrakiste besorgen. Dieses Problem lag hier nicht vor, doch mußten die vier Kleinen erst einmal gründlich gebadet werden. Sie waren völlig mit Erde verkrustet und sahen aus wie kleine Lehmkugeln. Die nasse Prozedur mit Hundechampoon und lauwarmem Wasser hatten sie bald überstanden. Acht schwarze Knopfäuglein guckten neugierig aus dem angewärmten Badetuch heraus, als ob sie sagen wollten: „Na und, zu essen gibt es hier wohl nichts?"
„Aber natürlich, meine lieben Stachelkinder. Ihr seid hier gerade an der richtigen Stelle gelandet! Eure Ersatzmutter eilt schon in die Küche und stellt euer Menü zusammen!"

Hundefutter aus der Dose, Biskuit, Mehlwürmer, Hackfleisch und frisches Wasser. Igel sind Geschmacksindividualisten. Der eine mag nur Hackfleisch, der andere wiederum rührt es nicht an und begnügt sich mit Hundefertigfutter. In unserem Badezimmer hatte ich einmal einen Igel untergebracht, der ausschließlich Katzenfutter mit Seefisch zu sich nahm. Es roch dort während des ganzen Winters wie in einer Fischhandlung. Die vier Neuankömmlinge entschlossen sich für Biskuit und Hundefutter. Mit lautem Schmatzen leerten sie im Nu ihre Schälchen. In jenem Winter war für mich das Schmatzen der Igel das Schönste aller Geräusche. Ich wußte dann, daß wieder ein Stacheltier gerettet war. Wie sagten doch die beiden Herren, die die vier kleinen Igel brachten? ,,Igelauffangstation!" Das Wort war richtig gewählt, denn was sich in den folgenden Wochen abspielte, überstieg fast meine Kräfte. Auch mein Geldbeutel bekam die vielen Wintergäste zu spüren. Ich erinnere mich noch gut an eine Woche in der ersten Dezemberhälfte. Die Kinzig führte Hochwasser und ich erhielt mehrmals täglich Anrufe aus dem Tierheim, wo man halbertrunkene Igel und Maulwürfe abgegeben hatte. Es waren stattliche Igel darunter, die ein Gewicht von neunhundert und eintausend Gramm vorweisen konnten. Sie waren von den kalten Fluten unsanft aus ihrem Winterschlaf geweckt worden. Nun begann bei mir zu Hause das große Sortieren. Alle Igel über siebenhundert Gramm wurden im Garten untergebracht. Die Leichtgewichte und die kritischen Fälle blieben im Haus. Draußen waren drei Hasenställe unbesetzt. Die Innnenseiten verkleidete ich mit wärmedämmenden Platten, damit die Kälte nicht durchdringen konnte. Der Boden erhielt noch zusätzlich einen dicken Zeitungsbelag zum Auswechseln. Anschließend füllte ich den ganzen Hasenstall mit Heu, Stroh und warmen Lappen aus. Vorn blieb ein kleines Stückchen frei für Futter- und Wasserschälchen. Die großen, gesunden Igel leerten noch ein bis zwei Wochen ihre Schälchen und fielen dann in den Winterschlaf. Im Haus allerdings spitzte sich die Lage zu. Andauernd wurden Igel gebracht oder wir mußten sie abholen. Das Telefon hörte nicht auf mit der nervenzermürbenden Klingelei. An einem Sonntag untersuchte ich den Telefonapparat. Sollte ich den Hörer nicht richtig auf die Gabel gelegt haben? Es hatte nämlich während des ganzen

Tages nicht einmal geklingelt, und dies war sehr verwunderlich nach der Hektik der vergangenen Tage. In der folgenden Zeit suchte ich nach Holzkisten wie ander Leute nach Antiquitäten. Auch die Futterschälchen reichten nicht mehr aus. Sämtliche Aschenbecher und Salatschalen zog ich aus dem Verkehr, um sie für Igelfutter und Wasser zu verwenden. Bald wurden auch die alten Zeitungen knapp. Die Bodenauflagen in den Kisten mußten zweimal täglich erneuert werden, und ich entpuppte mich zum Zeitungsklau. Diese saugfähigen Mitteilungsblätter konnte ich einfach nicht mehr liegen sehen, ohne sie einzustecken. Inzwischen war mein Igelbestand auf die stattliche Zahl von sechsundzwanzig Tieren angewachsen. Ohne Schuhe in der Wohnung umherzulaufen, war in dieser Zeit nicht zu empfehlen. Nach ein paar Schritten konnte es nämlich geschehen, daß sich ein Igelstachel unsanft in die unbedeckten Fußsohlen bohrte. Meckikind hatte auf dem Fußboden einen Babystachel verloren. Kein angenehmes Gefühl: Überall Igel, überall Stacheln. Ich höre heute noch das Wehgeheul meiner Rottweilerhündin, als sie beim abendlichen Toben im Garten auf eine Stachelkugel trat.

Eines Nachts wurde ich unsanft aus dem Schlaf geweckt. Was war das für ein Poltern? Kam das nicht aus dem Wohnzimmer? Im Geiste ließ ich alle Tiere an mir vorüberziehen, die das Poltern verursacht haben könnten. Vögel, Meerschweinchen und Zwerghasen befanden sich in ihren Käfigen und die Igelkisten hatte ich gut abgedeckt. Ich weckte meinen Mann. Gemeinsam schlichen wir zur Wohnzimmertür. Licht an – und wir sahen die Bescherung. Unser Gummibaum lag traurig mit geknickten Blättern auf dem Teppichboden, bedeckt mit einem roten Badetuch, das irgendwie vom Badezimmer in das Wohnzimmer gelangt war. Wer aber schleift mitten in der Nacht rote Handtücher durch die Wohnung und wirft Gummibäume um? Wer und wo war der Verursacher dieser Unordnung?
Sollte etwa der Mecki aus dem Badezimmer . . .?
Ahnungsvoll gingen wir nachsehen. Und siehe da, die Kiste war leer, der Hausherr ausgegangen. Das war nicht weiter erstaunlich, denn die Badezimmertür ließen wir über Nacht offen. Erstaunlich aber war, wie es der Igel geschafft hatte, aus der Kiste herauszu-

kommen. Ich hatte sie mit einer schweren Aquarienglasscheibe abgedeckt und vorsichtshalber noch mit unserer Personenwaage beschwert. Igel sind wahre Kletterkünstler. Und hier hatten wir den Beweis, daß sie auch sehr kräftig sind.

Mein Mann krabbelte inzwischen auf allen Vieren durch das Wohnzimmer, um den Ausreißer zu suchen. Ich gesellte mich zu ihm und das große Möbelrücken begann.

Wir mußten den Igel finden, bevor er überall seine „wohlriechenden" Häufchen hinterlassen würde. Es dauerte einige Zeit und kostete etliche Schweißtropfen, bis wir Mecki schlafend unter dem Aquarienschrank fanden. Dieser Schrank, vorn am Bodensockel mit Holz verkleidet, hatte nur eine Öffnung an der unteren Rückseite. Nur Gott allein weiß, wie es der dicke Mecki geschafft hatte, sich da hindurchzuzwängen. Nachdem der Ausreißer in seine Kiste zurückbefördert war, konnten auch wir uns der wohlverdienten Nachtruhe hingeben.

Ende Dezember erreichte die Igelschwemme mit achtunddreißig Tieren den Höhepunkt. Siebzehn Meckis hatte ich noch im Garten unterbringen können. Sie schliefen dort mit kleinen Unterbrechungen. Im Haus selbst überwinterten im Keller, Heizraum, Vogelzimmer und im Bad die possierlichen Stacheltiere. Sie bestimmten den Tagesablauf. Er begann mit Igeln und endete damit. Früh gegen sechs Uhr war große Kistensäuberung. Anschließend verbrachte ich einen halben Tag im Büro. Nachmittags schließlich begann die Schlacht am Spülbecken. Sämtliche Futterschälchen – annähernd vierzig an der Zahl – mußten gereinigt werden. Und wie sahen die manchmal aus . . .! Nicht selten geschah es, daß mir die Igel als Gegengabe für das gute Futter ein braunes, nicht gerade angenehm duftendes Häufchen in ihrem Freßnapf hinterließen. Mindestens zweimal in der Woche fuhren wir zum Tierarzt. Das Auto vollgepackt mit hustenden Igeln oder kranken Vögeln. Es lohnte sich nicht mehr, schon morgens in die Fernsehzeitung zu schauen, um die Vorfreude auf ein interessantes Abendprogramm auszukosten. Irgend etwas kam immer dazwischen. Wenn man mit Tieren leben möchte, sie gesundpflegen oder großziehen will, darf man an sich zuletzt denken. In unserem Haus gilt als oberstes Gesetz: An erster Stelle steht das hilflose, kranke Geschöpf, dann erst kommt alles andere. Wenn man nicht nach diesem Grundsatz handelt, ist kein Erfolg beschieden. Tiere sind keine Briefmarkensammlung, die man einfach beiseite legt, wenn man sich lange genug damit beschäftigt hat.

An dieser Stelle erinnere ich mich an eine Nachlässigkeit, die ich beging, als ich zu müde und abgespannt war. Es war fast dreiundzwanzig Uhr, als das Telefon klingelte. Ich war gerade am Einschlafen, hundemüde, weil ich während des ganzen Tages im Garten herumgewurzelt hatte. Noch im Halbschlaf schlurfte ich in mein Arbeitszimmer und hob den Hörer ab. Eine Männerstimme, höflichst wegen der Störung um Entschuldigung bittend, fragte an, ob ich noch einen kranken Falken annehmen würde. Ich sagte zu, und nach kurzer Zeit wurde mir der Patient übergeben. Es war ein Turmfalkenterzel (männlicher Falke).

Zuerst untersuchte ich ihn auf äußere Verletzungen, konnte aber nichts feststellen. Allerdings befand er sich in einem sehr schlechten Ernährungszustand. Das Brustbein stach spitz wie ein Schiffskiel hervor. Der Vogel mußte schnellstens Nahrung bekommen, besser noch eine Traubenzuckerlösung, um den Kreislauf anzuregen. Ich setzte das Tier im Keller in unsere Isolierstation und freute mich, daß es trotz seiner Schwäche noch stehen konnte. Oben in der Küche löste ich Traubenzucker in warmen Wasser auf und bereitete Futter, falls er nicht selbst Nahrung aufnehmen würde.

Dies alles nahm etwa zehn Minuten in Anspruch. Als ich wieder in den Keller kam, schlief der Falke schon. Er hatte sich in eine Ecke gesetzt, den Kopf zwischen die Schwingen gesteckt und ließ sich auch nicht stören, als ich die Tür zu seiner Unterkunft öffnete. Normalerweise wäre dies für mich ein Alarmsignal ersten Grades gewesen. Ein wilder Vogel, der sich nicht einmal rührt, wenn jemand in seine Nähe kommt, oder wenn man ihn gar anfassen will? Aber ich war müde. Froh darüber, das der Falke schon schlief. Ich konnte mir die mühsame Arbeit des Fütterns ersparen und ging wieder zu Bett. Es war ja so einfach, die eigene Nachlässigkeit damit zu bemänteln, daß es nicht gut wäre für den schwachen Vogel, aufgeweckt zu werden, nachdem er Ruhe gefunden hatte. Die Quittung bekam ich am nächsten Morgen. Als ich in den Keller kam, fand ich den Falken verendet am Boden liegen. Ich stand völ-

▲ Ein Wurf junger Igel, 24 Stunden alt / Foto: Autorin

Der erste Spaziergang nach dem langen Winterschlaf / Foto: Autorin ▼

▲ Nach der langen Nesthockerzeit im Zimmer, wissen die beiden jungen Bachstelzen noch nicht viel mit der großen Freiheit anzufangen / Foto: Archiv

Rauchschwalbe links, Mauersegler rechts. Beide noch nicht voll flugfähig / Foto: A. Polaschek ▼

lig fassungslos vor dem leblosen Tier. Während der nächsten Tage quälte ich mich mit Selbstvorwürfen. Wie konnte mir das nur passieren? Fragen über Fragen gingen durch meinen Kopf. Wäre der Falke noch zu retten gewesen, wenn ich ihn sofort gefüttert hätte? Meine Laune sank auf den Nullpunkt und selbst die Arbeit im Büro vermochte mich nicht abzulenken. Es dauerte noch einige Tage bis ich Gewißheit hatte. Das langersehnte Untersuchungsergebnis vom Staatlichen Veterinär-Untersuchungsamt, wohin ich den Falken geschickt hatte, lag im Briefkasten. Ich nahm mir nicht die Zeit, nach oben zu gehen, um den Brieföffner zu holen. Ungeduldig fummelte ich noch auf der Treppe an dem Briefumschlag herum. Warum lassen sich Briefumschläge nicht schneller öffnen? Endlich hielt ich das für meinen Seelenfrieden so wichtige Schreiben in meinen Händen.
Untersuchungsbefund: Der eingesandte Falke ist an den Folgen einer Verdauungsinsuffizienz gestorben. Bakteriologisch wurde Escherichia coli in Reinkultur aus allen Organen isoliert.
Also Coli-Bakterien: Da hätte auch ein sofortiges Füttern nicht mehr helfen können.
Zwei Jahre sind seitdem vergangen, doch ich denke sehr oft daran zurück. Jedesmal, wenn die Zahl meiner Pfleglinge überhand nimmt, wenn ich müde bin oder unlustig, oder wenn ich ganz einfach nichts tun will, dann kommt mir dieser Turmfalke in den Sinn. Diese Begebenheit ist für mich so etwas wie ein „Ersatzmotor" geworden. Die Angst, etwas versäumt zu haben, läßt mich wieder anspringen.
Eine nette Geschichte begab sich eines trüben Wintertages, als ich gerade meine Igelschälchen mit Futter füllte. Ich erhielt Besuch. Eine junge Lehrerin wollte sich nach dem Befinden eines Sperbers erkundigen, den sie einige Tage zuvor in meine Obhut gegeben hatte. Sie musterte erstaunt die verschiedenen Menüs auf dem Küchentisch: „Was ist denn das . . .?"
„Das sind die täglichen Futterrationen für meine Igel", erklärte ich.
„Du lieber Himmel!" rief sie aus. „Wieviel haben Sie denn?"
„Ungefähr fünfundzwanzig", antwortete ich, „aber es kommen sicher noch einige dazu."

„Wo haben Sie die denn alle untergebracht?" wollte sie wissen.
„Im Keller, im Garten, im Bad", sagte ich und machte ihr den Vorschlag, beim Füttern zuzusehen.
Zusammen machten wir die Runde.
„Und das alles müssen Sie täglich verfüttern?" fragte sie anschließend erstaunt.
Ich nickte, und sie meinte ganz spontan: „Da muß doch etwas geschehen! Schreiben Sie mal auf, was Sie am nötigsten brauchen."
„Nichts lieber als das! Heu, Stroh, Holzkisten, Eier, Dosenfutter, Haferflocken und alte Zeitungen."
„Ich werde im Biologie-Unterricht über Sie berichten", meinte die junge Dame, „sicher machen meine Schüler gern eine Sammelaktion für die Igel."
Einige Tage später rief sie an: „Ich habe mein Auto vollgepackt. Sind Sie jetzt zu Hause?"
„Ja", antwortete ich erfreut, „Sie können sofort kommen!"
„Ich bringe zwei Schülerinnen und meinen Sohn mit", sagte sie. „Ich mußte auslosen. Am liebsten wäre die ganze Klasse mitgekommen."
Nach kurzer Zeit kam sie mit ihrem Mini-Auto angeflitzt. Ich frage mich heute noch, wie sie es geschafft hatte, sämtliche Spenden, drei Kinder und sich selbst in dem Kleinstwagen zu verfrachten.
Die Kinder hatten wirklich ganze Arbeit geleistet. Sie waren mit Begeisterung bei der Sache gewesen, glücklich, helfen zu können. Beim Sortieren des Futters fielen mir etliche angebrochene Tüten mit Haferflocken auf. Bestimmt haben späterhin einige Mütter verdutzt auf einen leeren Platz geschaut, dort, wo sie doch eine Tüte mit Haferflocken vermuteten.
Die „Ausgelosten" hatten einen Kassettenrecorder mitgebracht. Sie machten ein Interview mit mir für den Biologie-Unterricht, stellten Fragen über Heimtierhaltung, Vogelschutz, Kettenhunde und Tollwut. Eine Frage amüsierte mich besonders: „Was soll ich nur tun? Meine Freundin hat einen Wellensittich. Den steckt sie immer in den Puppenwagen, deckt ihn zu und fährt ihn spazieren."
Was sollte ich angesichts des Unverständnisses dem Kind antworten? Das Gespräch mit der Lehrerin würde sicher mehr Erfolg versprechen. Der Nachmittag verging im Fluge, und ich bin sicher,

daß wir alle davon profitiert haben. Für mich ist es besonders wichtig, den Kontakt mit Kindern zu pflegen. Sie verbringen einen großen Teil ihrer Zeit in der freien Natur. Die meisten meiner Igel wurden von Kindern gefunden. Auch waren es Kinder, die in den Sommerferien einen Schuhkarton entdeckten. Er war mit Kordel fest verschnürt. Gott sei Dank lebte der Inhalt noch. Eine wunderschöne, handtellergroße Wasserschildkröte. Ich wunderte mich nicht darüber. Urlaubszeit, Aussetzzeit! Einige Kinder, die im Herbst einen Igel gefunden hatten, durften diesen über den Winter selbst pflegen. Sie erhielten von mir genaue Anweisungen über die Unterbringung und Pflege der Stacheltiere. Unter der Aufsicht ihrer Eltern machten sie die Sache recht gut. Sie waren glücklich über jedes Gramm Gewicht, das die Igel im Laufe des Winters zunahmen. Verständlich, daß der Abschied im Frühjahr nicht immer leicht fiel. Doch sie waren stolz, einem gesunden Igel die Freiheit schenken zu dürfen und das tröstete sie bald wieder.

Mir selbst ging es nicht anders. Ich weiß nicht, wieviel Igel ich im Laufe der Zeit in ihren angestammten Lebensraum zurückgegeben habe, aber immer wieder stelle ich mir die Frage: Wird er, wie Tausende seinesgleichen auf den Straßen den Tod finden oder ein Opfer der giftigen Spritzmittel werden? Ich wußte es nicht und das war gut so. Zurück blieb ein kleines bißchen Wehmut. Monatelang waren die Igel unsere Hausgenossen gewesen. Wir haben uns gesorgt und Gedanken gemacht, wenn einmal etwas nicht mit ihnen stimmte, und wir haben uns gefreut, wenn morgens ein blankgelecktes Futterschälchen Zeugnis gab von Gesundheit und Wohlbefinden. Viel Glück für den Start in die Freiheit hatten meine Igel aus dem „Igelschwemmen-Jahr". Schon während des Winters erreichten mich etliche Nachfragen von tierlieben Menschen. Sie alle baten um dieses nützliche Stacheltier zum Aussetzen im Hausgarten. Wenn dort keine Spritzmittel verwendet wurden und nur geringe Gefahr durch Fahrzeuge drohte, konnte ich sie mit gutem Gewissen dorthin abgeben. Die Igel wurden anfangs noch etwas beigefüttert, um sie im Garten zu halten.

Ich trennte mich schweren Herzens von meinen Stachelkindern. Auch ich war stolz und traurig. Stolz, weil von achtunddreißig Igeln zweiunddreißig am Leben geblieben waren. Traurig, weil diese liebenswerten Tiere nicht nur im Haus und im Garten, sondern auch in meinem Herzen einen leeren Platz hinterlassen haben. Viel Glück, Mecki!

Lämmi

Jede Mutter meint, sie habe das schönste Baby. Mir ging es so mit Lämmi. Für mich war Lämmi das schönste Kaninchenmädchen weit und breit. Ihr Fell war weiß wie Schnee. Glatt und zart. Lange Hängeohren reichten fast bis auf die Vorderläufe. Sie wippten lustig auf und nieder, wenn Lämmi im Garten umherhoppelte. Und einen Blick hatte Lämmi — einfach zum Steine erweichen! Ihren Namen erhielt sie durch die längliche Form ihres Kopfes. Sie sah einem Lämmchen ähnlicher als einem Kaninchen.
Ich erinnere mich noch genau daran, wie Lämmi zu uns kam. Ein warmer Frühsommertag neigte sich dem Ende zu, als das Tierschutzauto vor unseremn Haus anhielt. Die Leiterin des Tierheimes stieg aus und öffnete die Tür des Laderaumes. Neugierig ging ich hinunter, gespannt darauf, was es diesmal wieder für mich geben würde. Daß es nicht Gutes war, sah ich schon am Gesichtsausdruck der immer tätigen Tierschützerin. Selten wurden in dem Tierschutzfahrzeug erfreuliche Dinge transportiert. Meist nur gequälte, ausgesetzte Tiere, krank an Körper und Seele. Ein trauriges, erschütterndes Bild bot sich mir dar, als ich in den Wagen hineinschaute. Ich sah nur Kaninchen, überall tote Kaninchen. Doch halt, einige bewegten sich noch! Ich streichelte sie, und alles was meine Hände zu fassen bekamen, waren Knochen. Nur Knochen, mit spärlichem Fell bedeckt. Ganz hinten im Wagen stand ein Käfig mit vier Vögeln. Ich mußte schon genau hinsehen, um festzustellen, daß es Kanarienvögel waren, denn die bedauernswerten Tiere hatten kaum noch Federn. Überall schimmerte die nackte Haut hindurch. Und wie sah der Käfig aus! Zentimeterhoch mit Kot bedeckte Sitzstangen. Von dem Zustand des Bodens ganz zu schweigen. Beim Anblick der Futternäpfe konnte ich nur ahnen, daß sie früher einmal weiß gewesen sein mußten. An Stelle des Wassers war nur ein grüner, schmieriger Brei zu sehen.
Auf wessen Konto ging diese Tierquälerei?
Es blieb nicht viel Zeit für lange Erklärungen. Die Tiere mußten schnellstens versorgt werden. Ich erfuhr nur, daß der Besitzer dieser armen Tiere mit unbekanntem Ziel weggezogen war. Er hatte

Kaninchen und Vögel einfach in einem Stall zurückgelassen. Fast alle Kaninchen waren verhungert, bevor die Nachbarn bemerkten, daß der Mann nicht mehr zum Füttern kam. Elf Tiere lebten noch. Aber wohin mit elf Kaninchen so plötzlich? Meine fünf Hasenställe waren besetzt. Nun bewahrheitete sich wieder einmal das Sprichwort, daß Not erfinderisch macht. Als wir die Ställe errichteten, hatten wir die freie Fläche darunter mit einem Zaun versehen, um für Kaninchen einen Auslauf zu schaffen. Dort konnten sie nach Herzenslust Löcher graben und herumspringen. Eine alte Baumwurzel für ihr Nagebedürfnis war auch vorhanden. Bis ich eine andere Unterkunft gefunden hatte, war dies genau der richtige Platz, zumal die Kaninchen noch klein waren. Schnell holte ich Heu, trockenes Brot, Kaninchenfertigfutter und Wasser herbei. Frischfutter anzubieten wagte ich nicht. Ich befürchtete Verdauungsbeschwerden nach der langen Hungerperiode. Behutsam setzte ich die Tiere in den Auslauf und freute mich, als sie sich, scheinbar mit letzter Kraft, auf das Futter stürzten.

Das erste Problem war gelöst. Das nächste bereitete mir mehr Kopfzerbrechen. Ich konnte die Tiere nicht behalten. Einige Tage vielleicht, bis sich ihr Zustand bessern würde. Ich benötigte den Platz für ähnliche Fälle und mußte neue Pflegestellen finden.

Später saß ich auf einem umgestülpten Eimer und schaute den Kaninchen zu. Ich hatte nun Muße, sie zu betrachten. Drei waren schwarzweiß gescheckt. Eines davon sah ulkig aus. Es hatte ein stehendes und ein hängendes Ohr. Dann waren da noch zwei graue. Am besten gefielen mir die weißen Kaninchen mit den Schlappohren. Das Kleinste kam plötzlich an den Zaun gehoppelt, stellte sich auf die Hinterläufe und sah mich an. In diesem Moment entdeckte ich mein Herz für Lämmi. Bildete ich mir das nur ein, oder schaute dieses Tier wirklich so ausdrucksvoll?

Ich betrachtete die anderen Kaninchen. Aber diese waren mit ihrem Heu beschäftigt und ließen sich durch mich nicht stören. Noch lange beobachtete ich die Tiere und immer wieder wurde mein Blick von dem hübschen, weißen Kaninchen angezogen. Sollte ich es für mich behalten? Einer der Hasenställe — nur mit einem jungen Meerschweinchen besetzt — war für ein Kaninchen noch groß genug.

Ich überlegte hin und her. Hätte ich damals schon gewußt, wieviel Freude uns dieses Kaninchen machen würde, die Entscheidung wäre wäre mir nicht schwer gefallen.

Es wurde dunkel, und ich verschob die ganze Sache bis zum nächsten Tag. Ich würde erst einmal ausprobieren müssen, ob sich Meerschweinchen und Kaninchen auch vertrugen. Eigentlich war dies nur ein Vorwand, denn innerlich hatte ich mich schon entschlossen. Es war halt Liebe auf den ersten Blick. Im Geiste hörte ich schon Stimmen aus meiner Familie: „Du bist verrückt geworden! Schon wieder ein Tier!" Oder: „Was willst du denn mit noch einem Hasen, du hast doch schon einen!"

Nun — sie würden sich damit abfinden müssen. Schließlich hatten sie sogar verkraftet, daß ich einst zum Tierheim fuhr, um einen Goldhamster abzuholen, aber mit einer Rottweilerhündin nach Hause kam. Eine Hündin, die übrigens heute keiner mehr missen möchte.

In den nächsten Tagen sorgte ich für einen erheblichen Anstieg unserer Telefonrechnung. Ich rief sämtliche Kaninchenzüchter an, die ich kannte. Nur dort konnte ich die Tiere unterbringen und wußte sie auch gut versorgt, bis sie da landen würden, wofür man sie gewöhnlich züchtet: Im Bratentopf.

Dieses Schicksal war meiner Lämmi nicht beschieden.

Sie genoß im Garten Narrenfreiheit und durfte sich nach Herzenslust tummeln. Erstaunlich, daß sie sich nicht, wie andere Kaninchen, damit beschäftigte, unseren Garten umzugraben. Während ihres ganzen Lebens — sie wurde leider nur knapp drei Jahre alt — grub sie nicht ein Loch. Es schien, als mochte sie ihr seidenweiches Fell nicht beschmutzen.

In ihrer Art war Lämmi mehr Hund als Kaninchen. Wo immer ich auch ging, Lämmi begleitete mich. Sie war an meiner Seite beim Blumengießen. Grub ich Beete um, mußte ich sehr vorsichtig sein um sie nicht zu verletzen, denn sie lag dicht neben meinen Füßen. Sie lief mit in das Haus und wenn wir im Garten Kaffee tranken, lag Lämmi wie selbstverständlich neben meinem Stuhl. Sie genoß es sichtlich, auf meinem Schoß zu liegen und sich streicheln zu lassen. Dann aber wieder liebte sie es, durch den Garten zu rasen wie eine Wilde. Gerade dies wurde ihr eines Tages zum Verhängnis.

Es war um die Osterzeit. Der Frühling kam mit Macht, und unsere mit Lebenslust erfüllte Lämmi machte meterhohe Sprünge. Was sie allerdings dazu veranlasste, mit Wucht die Holzlatten einer Voliere anzuspringen, konnten wir nicht ergründen. Anschließend hinkte sie und schonte den rechten Hinterlauf. Es besserte sich nicht und wir mußten den Tierarzt zu Rate ziehen. Während der Fahrt dorthin, hockte Lämmi auf meinem Schoß, legte die Vorderläufe auf das Armaturenbrett und betrachtete vergnügt und interessiert durch die Windschutzscheibe den Straßenverkehr. Lämmi brachte uns immer mehr zum Staunen. Wir würden uns bestimmt nicht gewundert haben, wenn sie eines Tages gebellt hätte. Der Tierarzt allerdings wunderte sich, als wir mit unserem „Hund im Hasenfell" dort ankamen. Nach meiner telefonischen Anmeldung war er der Meinung, ein Zwergkaninchen bedürfe seiner Hilfe. Mit einem dreizehn Pfund schweren Riesenkaninchen hatte er nicht gerechnet.

Lämmi ließ die Untersuchung geduldig über sich ergehen, zeigte sich aber sehr druckempfindlich an dem verletzten Hinterlauf. Die Diagnose war nicht erfreulich. Bänder-Riß und breitflächiger Bluterguß. Ohne Operation keine Aussicht, Lämmi zu retten. Doch die Frage, operieren oder nicht, stand hier nicht zur Debatte. Lämmi war sozusagen Familienmitglied und mußte gerettet werden. Unverständlich vielleicht für viele Menschen. Lämmi töten und ein neues Kaninchen anschaffen, wäre billiger gewesen. Aber natürlich haben wir hier eine halbverrückte Tierschützerin, die den Tierschutz betreibt als Ersatzbefriedigung für irgendwelche seelischen Defekte. Wer von uns Tierschützern hat noch nicht diese, mit einem mitleidigen Lächeln hervorgebrachten Worte gehört? Selbst wenn ich versuche, Igel zu retten, fehlt es nicht an Kritik. Wie oft fallen Worte wie „natürliche Auslese" oder „sich nicht einmischen". Doch frage ich, wo ist da noch die natürliche Auslese, wobei ich das Wort „natürlich" betone, wenn Hunderttausende Igel durch Kraftfahrzeuge den Tod finden und sich unsere Greifvögel und Eulen an den Hochspannungsleitungen zu Tode fliegen? Dr. Walter Poduschka, Igelspezialist und Verfasser einiger Igelbücher, sagte einmal: „Wer sich viel mit Tieren befaßt und deshalb sogar einige menschliche Kontakte aufgibt, wird häufig — wollen wir es zart ausdrücken — als abnormal und schrullig angesehen. Dies weiß jeder, dem Tiere interessant und lieb sind. Aus diesem Wissen heraus kann er ziemlich ungerührt in seiner Schrullenhaftigkeit dahinleben, weiß er doch, daß er bei anderen seiner Art volles Verständnis findet". Bevor wir Lämmi operieren ließen, mußte zuerst der Bluterguß behandelt werden. Eine Operation war erst möglich, nach Abklingen dieser schmerzhaften Schwellung.

Eine Woche später fuhren wir wieder zum Tierarzt. Die Sonne schien warm vom Frühlingshimmel auf eine bunte Welt. Überall leuchtendes Grün und duftende Blüten. Die Welt sah aus wie frisch gewaschen. Wir hatten keinen Blick für diese ganze Pracht. Es war Lämmis Operationstag und wir wußten, daß schon die Narkose eine Gefahr für Lämmi bedeuten konnte. Unsere ganze Hoffnung setzten wir in die Fähigkeit des Tierarztes, der, gemeinsam mit seiner Frau, die Operation durchführen würde. Ziemlich bedrückt schauten wir noch zu, wie Lämmi für die genaue Dosierung des Narkosemittels gewogen wurde. Dann nahmen wir Abschied für eine gute Stunde.

Nach Hause zu fahren lohnte nicht für diese kurze Zeit. Wir fanden ein sonniges Plätzchen am Waldesrand und parkten dort unser Fahrzeug. Mit einer Illustrierten versuchte ich, die Stunde der Ungewissheit durchzustehen. Die Buchstaben tanzten vor meinen Augen, ich konnte den Sinn nicht erfassen. Die Vorstellung, eine leblose Lämmi vorzufinden, machte mich ganz krank. Mein Mann qualmte wie eine Dampflokomotive. Der Zigarettenrauch biß in meine Augen und ich hatte — dem Alkohol normalerweise abhold — plötzlich das Bedürfnis, ,,einen zu heben". Mein Mann, wie immer verständnisvoll, begrüßte diesen Entschluß. An einem Kiosk besorgten wir eine Taschenflasche mit Kognak und leerten sie gemeinsam. Die erhoffte, wohltuende Ruhe blieb aus. Im Gegenteil! Ich bekam durch den ungewohnten Alkoholgenuß das ,,heulende Elend". Endlos zogen sich die Minuten.

Nach einer Stunde, die uns wie ein halber Tag vorgekommen war, sahen wir unsere Lämmi wieder. Lang ausgestreckt, auf einer grauen Decke. Ihre schönen, ausdrucksvollen Augen waren fast geschlossen. Seitlich aus dem Mäulchen schaute ein Stück ihrer rosa Zunge hervor. Tot . . .? Der Tierarzt lächelte. Lämmi hatte die

Operation gut überstanden und uns fiel ein Stein vom Herzen. Leider war der Bänder-Riß schlimmer gewesen, als der Arzt angenommen hatte. Vielleicht würde Lämmi niemals mehr richtig laufen können. Eine große, geklammerte Operationswunde zog sich durch Lämmis Fell, das nun, blau gefärbt vom Desinfektionsmittel, viel von seiner Schönheit verloren hatte. Arme Lämmi!
Während der Heimfahrt benahm sich unser Sorgenkind recht sonderbar. Noch halb in der Narkose, verdrehte Lämmi auf seltsame Weise ihren Kopf und die Augen. Dann plötzlich schmatzte sie mit dem Mäulchen. Hin und wieder versuchte sie aufzustehen und ein Zittern durchlief ihre Läufe. Der Tierarzt hatte uns auf diese Folgeerscheinungen der Narkose vorbereitet. Aus Angst, Lämmi doch noch zu verlieren, wären wir sonst sicher wieder umgekehrt.
Zu Hause bedeckten wir den Boden eines großen, festen Kartons mit einer Kunststoffdecke. Darüber breiteten wir ein Badetuch und saubere Lappen zum Auswechseln. Der beste Platz für unsere Patientin war die Ecke im Schlafzimmer nebem meinem Bett. Dort hatte ich Lämmi am besten unter Kontrolle.
Die erste Nacht verlief sehr unruhig. Oftmals versuchte Lämmi aufzustehen, fiel aber wieder um. Wenn nötig, wechselte ich die feuchten Unterlagen aus. Um die Wunde machte ich mir weniger Sorgen. Sie war gut geklammert und blutete nicht. Gegen Morgen schlief ich ein. Lämmi lag nicht mehr auf der Seite, als ich aus unruhigem Schlaf hochschreckte. Leicht schwankend hockte sie in ihrem „Mini-Krankenzimmer". Sie blickte zu mir auf, schleckte etwas Wasser. An einer Rübe knabbernd vertrieb sie sich den Vormittag. Die Stunden vergingen ohne Zwischenfälle, und ich hoffte auf eine ruhige Nacht. Lämmi in den Stall zu bringen, wagte ich nicht. Eine laufende Kontrolle, ob Lämmi versuchen würde, die Klammern aus der Wunde zu ziehen, wäre dort unmöglich gewesen.
Sie blieb also im Schlafzimmer neben meinem Bett. Es gab keinerlei Geruchsbelästigungen. Wenn Lämmi ihr Geschäft gemacht hatte, wechselte ich die Unterlagen aus. Ich fühlte mich wie eine junge Mutter, deren Hauptbeschäftigung darin besteht, laufend Windeln zu waschen. Die Waschmaschine lief auf Hochtouren und lustig flatterten die „Hasenwindeln" im Wind. In der folgenden Nacht

schonte Lämmi mich. Sie schlief mucksmäuschenstill und schien sich nicht im geringsten an den Klammern zu stören. Aber mein Mann schnarchte. Laut und anhaltend schien er eine hundertjährige Eiche durchzusägen. Wie konnte er in einem Krankenzimmer nur so schnarchen . . .?
Alles verlief gut bis zu jenem Tag, als Lämmi sich wieder mit Hilfe der Hinterläufe voll aufrichten konnte. Sie war schlau! Sehr schlau! Lämmi begriff schnell, daß sie mich im Bett sehen konnte, wenn sie sich aufrichtete. Und sie verstand es mit ihrem seelenvollen Blick, mich herauszufordern, vom Bett aus ihren Kopf zu kraulen. Eines Morgens versuchte sie, aus dem Karton heraus in mein Bett zu springen.
Da ich erstens um die Wunde fürchtete und zweitens mein Bett nicht mit einem Kaninchen teilen wollte, schloß ich nachdrücklich die Klappen von ihrer Behausung. Aber ich hatte die Rechnung ohne den Wirt gemacht. Lämmi öffnete mit einem Ruck die Kartonklappen und das Spiel begann aufs neue. Ich überlegte krampfhaft, womit ich die Klappen beschweren könnte, um mir noch ein knappes Stündchen ungestörten Schlafes zu sichern. Das Bügelbrett! Mit einem neidvollen Blick auf meinen schlafenden Mann stand ich auf, und wuchtete das schwere Holzbrett auf Lämmis Karton.
So, der kleine Störenfried war verdunkelt und gut abgedeckt. Zufrieden mit mir und meiner guten Idee legte ich mich wieder nieder. Nicht lange! Ein regelrechtes „Inferno im Karton" brachte mich mit beiden Beinen zugleich aus dem Bett. Lämmi kratzte, tobte, polterte. Schnell entfernte ich das Brett und schleppte es zurück in die Schrankecke. Meine Idee war wohl doch nicht so gut gewesen? Ziemlich dumm saß ich dann auf dem Bettrand und überlegte, wer bei diesem Gerangel als Sieger hervorgehen würde. Lämmi wollte schmusen – ich wollte schlafen. Aber Lämmi war krank, ich dagegen gesund. Da, wie ja jeder weiß, Kranke einen Anspruch auf Spezialbehandlung haben, – man will ja schließlich den Heilungsprozeß nicht gefährden –, sah das Ende vom Lied folgendermaßen aus: Lämmi lag, gut abgedichtet mittels zweier Badetücher, in meinem Arm und ließ sich genießerisch den Kopf kraulen. Hielt ich einmal inne, fühlte ich sofort einen Stups von einer rosigen Kaninchennase: „Weitermachen."

Ich nickte noch einmal ein, wurde aber durch ein Kitzeln an meinem Oberarm geweckt. Lämmi revanchierte sich für das Streicheln und leckte dort zärtlich meine Haut. „Warte nur", dachte ich, „dich kriege ich. Wie du mir, so ich dir." Jedesmal wenn Lämmi mit ihren Liebesbezeugungen aufhörte, erhielt sie nun meinerseits einen Stubs. Sie verstand sofort und mühte sich weiter. Inzwischen war auch mein Mann wach geworden. Der Arme tat mir leid! Obgleich Osterzeit, war es für ihn doch verwirrend, den Osterhasen neben seinem Kopfkissen vorzufinden.

Lämmis Genesung machte gute Fortschritte. Nicht verwunderlich, bei dieser optimalen Pflege. Bei aller Liebe aber mußte sie bald wieder mit ihrem Stall vorliebnehmen. Ihr ganzes Sinnen und Trachten nämlich ging dahin, ins Bett zu hopsen und Steicheleinheiten auszukosten. Es dauerte noch geraume Zeit, bis sich Lämmis Wunde schloß. Zu viel Wundsekret hatte sich gebildet und konnte nicht abfließen. Zweimal mußte der Tierarzt mit einem kleinen Schnitt für Abfluß sorgen, dann aber besserte sich Lämmis Zustand. Leider war es mit den hohen Sprüngen für immer vorbei. Der Hinterlauf hatte viel von seiner Beweglichkeit eingebüßt. Sie hinkte etwas, doch das störte weder sie noch uns. Lämmi lebte, und wir waren glücklich. Bald hatte die untadelige Schönheit ihres Felles auch die letzten Spuren der schweren Operation bedeckt. Lämmi, ein ungewöhnliches Kaninchen, verließ uns auch auf eine ungewöhnliche Art für immer.

Eines Morgens kam Lämmi nicht herangehoppelt um ihr geliebtes Rübenkraut entgegenzunehmen. Das Meerschweinchen begrüßte mich quiekend, Lämmi aber blieb an der Rückwand des Stalles liegen. Sie schien nicht bemerkt zu haben, daß ich die Stalltür geöffnet hatte. Erschrocken untersuchte ich den Kot der Tiere. Er war dunkelbraun, glatt und fest. Hier durfte nicht der Grund für Lämmis absonderliches Benehmen liegen. Es beruhigte mich, daß die Tier keinen Durchfall hatten, und ich nahm Lämmi behutsam auf den Arm. Vielleicht mochte sie etwas von den Gartenkräutern naschen? Vorsichtig setzte ich sie am Boden nieder – und erschrak. In unregelmäßigen Zickzacklinien raste Lämmi, so gut es ihr lahmes Bein erlaubte, durch den Garten, kopfüber in einen Zierapfelbusch. Dort blieb sie stecken, bis ich sie befreite. Ihr Herz klopfte

heftig, auf meinem Arm jedoch beruhigte sie sich schnell. Die böse Überraschung war mir in die Glieder gefahren. Sollte ich, heute am Sonntag, den Tierarzt anrufen? Lämmis Fell war glatt. Sie sah gesund aus und hatte nicht abgenommen. Trotzdem versuchte ich gegen Mittag, den Arzt zu erreichen. Leider war er auf unbestimmte Dauer außer Haus, und ich nahm mir vor, Lämmi sofort montags untersuchen zu lassen.
Es sollte nicht mehr dazu kommen.
Als ich am nächsten Morgen nach Lämmi schaute, lag sie da. Nicht etwa auf der Seite, nein, aufrecht wie Kaninchen zu liegen pflegen. Aus diesem Grunde bemerkte ich auch nicht sofort, daß Lämmi nicht mehr lebte. Ihr Köpfchen hatte sie an der Rückwand des Stalles angelehnt.
Wer kennt nicht das Gefühl der Ohnmacht, der Machtlosigkeit? Eine grenzenlose Leere, ein Gefühl des Elends nahm von mir Besitz.
Im Laufe der Zeit bereicherten mancherlei Tiere mein Leben. Als ich noch ein Kind war, wollte mir fast das Herz brechen, als mein geliebter Wellensittich davonflog. Der Tod unseres ersten Schäferhundes machte mich tagelang krank. Weitere Hunde kamen und gingen und der Abschiedsschmerz war jedesmal unerträglich.
Später dann, durch die Arbeit in meiner Vogelpflegestation oft mit dem Tod konfrontiert, wenn ich mich damit abfinden mußte, nicht mehr lebensfähige Tiere einzuschläfern, saßen die Tränen nicht mehr so locker. Aber um Lämmi habe ich geweint.

Lora

„Du möchtest doch schon immer einen Papagei haben", sagte eines Tages ein Bekannter, „da ist einer abzugeben, mit Käfig, umsonst!" Seit langen Jahren schon wünschte ich mir einen Papagei. Einen schönen bunten, sprechenden Papagei. Im Interesse des Vogels, hatte ich meinen Wunsch immer wieder zurückgestellt. Papageien lieben Geselligkeit und es grenzt an Tierquälerei, wenn man diese intelligenten Geschöpfe — wie es von ganztags Berufstätigen oft praktiziert wird — tagsüber alleine im Käfig sich selbst überläßt.
„Wieso verschenkt jemand einen Papagei?" fragte ich.
„Ja, weißt du, die Leute bekamen ihn selbst geschenkt, müssen ihn aber wieder abgeben, weil er schon zweimal die Kinder gebissen hat."
Ein Problemtier also.
Diese Tiere wandern meist von einer Hand in die andere. Niemand behält sie, weil sie nicht das halten, was man sich von ihnen verspricht. Endstation ist meist für sie irgend ein Tierheim.
Diese Tatsache und die Aussicht, daß ich in Kürze nur noch halbtags berufstätig sein würde, gaben den Ausschlag. Lora, eine wunderschöne Blaustirnamazone, hielt eines Tages Einzug in unser Haus.
Sie war ebenso verdorben wie schön. Verdorben durch mehrmaligen Besitzerwechsel und sicher auch durch falsche Behandlung. Es schien mir weitaus ungefährlicher, einen wilden Greifvogel anzufassen, als dieses krummschnäblige Ungeheuer. Dicke Lederhandschuhe schützten meine Hände, als ich Lora von einer langen Kette befreite, die an ihrem linken Bein befestigt war.
Aus Angst vor Schnabelhieben hatte sicher niemand gewagt, dieses klirrende Metallding, das Lora stark behinderte, zu entfernen.
Die Amazone zeigte mir prompt, daß sie an einer Freundschaft nicht interessiert war, indem sie den Lederhandschuh bis auf meine Hand durchbiß. Dabei schrie sie wie am Spieß.
Aufgeschreckt durch diesen ohrenbetäubenden Lärm kam mein Mann durch die Tür geschossen: „Was machst du mit dem Vogel?"
„Das siehst du doch!" rief ich unwirsch, in Schweiß gebadet.

„Meine Handschuhe, meine guten Handschuhe!" zeterte mein Mann.
Arras, unser Schäferhund, verließ mit eingeklemmtem Schwanz das Zimmer. Mit seinem feinen Instinkt fühlte er ein Ehegewitter nahen.
Lora versuchte unter gellendem Geschrei, ihren Fuß aus meiner Hand zu befreien. Keine fünf Minuten dauerte die für sie so entsetzliche Prozedur, dann schließlich hielt ich Kette und Ring in meinen Händen. Lora hing zerzaust und nach Luft ringend in der äußersten Käfigecke. Mein Mann strafte mich schweigend mit vorwurfsvollen Blicken. Arras ließ sich für den Rest des Tages nicht mehr im Wohnzimmer blicken, und er machte auch in den nächsten Tagen einen großen Bogen um Loras Käfig.
Künftig verbrachte ich meine Freizeit, so oft es möglich war, in Loras Nähe. Außer „Oa, Oa" gab sie nur undefinierbare Töne von sich. In ihren forschenden Augen meinte ich eine Frage zu sehen: Kann ich dir vertrauen? Nach einigen Tagen schien sie mit ihrer neuen Umgebung einverstanden zu sein. Sie zitterte nicht mehr mit Bauchgefieder und Flügeln, wenn jemand in die Nähe ihres Käfigs kam. Ein Fortschritt, gewiß, doch es würde noch lange dauern, bis Lora keine Angst mehr haben, und vielleicht sogar Futter aus meiner Hand entgegennehmen würde.
Irgendwo hatte ich einmal gelesen, daß die Dämmerung die beste Zeit sei, einem Krummschnabel das Sprechen beizubringen. Künftig saß ich bei Einbruch der Dunkelheit vor Lora und wiederholte unzählige Male ihren Namen. Sie schien das Getue um ihre Person langweilig zu finden. Saß da, auf einem Bein, plusterte sich auf und schloß abwechselnd einmal das rechte und einmal das linke Auge. Goldbraune, gleichsam treue Augen. Oftmals riß sie ihren schwarzen Schnabel auf, gähnte und zeigte ihre dunkle, runde Zunge. Stundenlang konnte sie sich der Pflege ihres prachtvollen Gefieders widmen. Das Zitronengelb ihres Kopfes verlief in leuchtend blaue Stirnfedern. Die Brust, der Schwanz und die Flügel schillerten in kräftigen Grüntönen. Flügelbug und Handschwingen glänzten purporrot.
Trotz aller Mühe geschah in Zukunft nichts. Absolute Funkstille. Sicher war dieser Mangel an Sprechbegabung auch der Grund, war-

um Lora so oft ihre Besitzer gewechselt hatte. Sie schien aber im Laufe der Zeit Vertrauen zu mir zu fassen und nahm Apfelsinenstückchen aus meiner Hand. Ein Erfolg immerhin.
Wann immer es möglich war, gewährten wir Lora Freiflug im Zimmer. Ihre Liebe gehörte dem Wohnzimmerschrank. Es sah lustig aus, wenn sie dort oben hin und herlief mit dem unbeholfenen Watschelgang der Papageien.
Mit unserem Schäferhund schloß Lora sehr schnell Freundschaft. Mit großer Wonne zog sie Arras Barthaare durch ihren Schnabel. Ohne dem Hund wehzutun, pulte sie Fleischreste einer Mahlzeit zwischen den Hundezähnen hervor. Arras ließ es sich gern gefallen, zog seine Lefzen hoch und schloß genießerisch die Augen.
Trotz all meiner Mühe wurde Lora niemals ganz zahm. Sie kam wohl auf den Tisch geflogen und holte sich Leckerbissen, aber über einen bestimmten Punkt kam sie nicht hinweg. Bis hierhin und nicht weiter!
Ich liebte dieses vom Mißtrauen gequälte Tier sehr. So oft ich es möglich machen konnte, hielt ich mich in ihrer Nähe auf. Mein Mann bastelte einen Papageienständer, und wir nahmen Lora, wenn es das Wetter erlaubte, mit hinaus in den Garten. Sie wußte genau, daß wir sie zu diesem Zweck an ihrem zweiten Ring wieder mit der Kette festmachen mußten. Ohne Anzeichen von Angst ließ sie sich den Karabinerhaken dort befestigen. Leider haben wir durch diese Gartenausflüge Lora verloren.
Wer hätte auch gedacht, daß sie es fertigbrächte, einen schweren Karabinerhaken aufzubiegen?
Es geschah eines Samstagnachmittags. Meine Mutter und unser Sohn Alexander beschäftigten sich im Garten. Lora saß im Halbschatten auf einem Ständer und knabberte genüßlich an einem Obstbaumzweig. Das samstägliche Idyll vollendete mein Mann im Liegestuhl, und ich schälte oben in der Küche Äpfel für den Sonntagskuchen. Plötzlich hörte ich lautes Geschrei. Was trieben die da unten nur? Ich lief zum Fenster und sah Alexander, der aufgeregt mit einer Leiter hantierte. Mir blieb fast das Herz stehen. Am leeren Papageienständer hing traurig Loras Kette. Verzweifelt stand mein Mann unter dem Zwetschgenbaum: „Komm, Lora, komm!"
„Daß ausgerechnet uns das passieren mußte?" jammerte meine

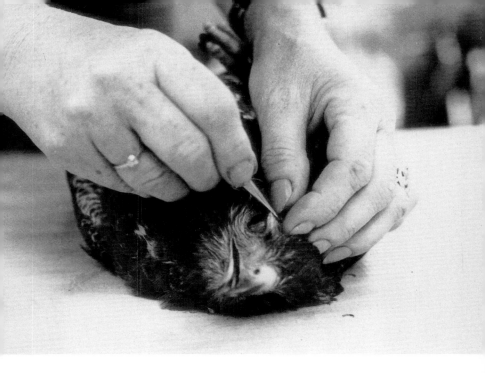

▲ Die Autorin befreit einen Mäusebussard von Zecken / Foto: A. Polaschek

Schleiereule mit schwerer Darminfektion erhält Behandlung mit vitaminisiertem Sulfonamid / Foto: A. Polaschek ▼

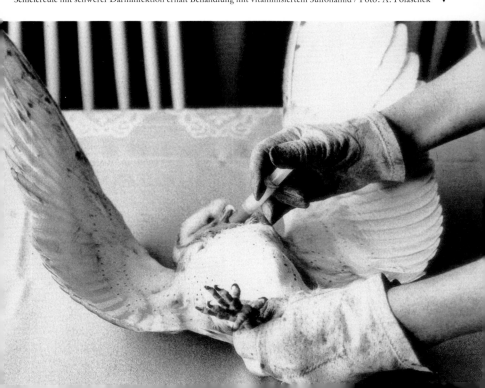

▲ Schleiereule nach Zusammenprall mit Omnibus
Foto: Autorin

▲ Wieder genesen / Foto: Cronhardt

Junger Mauersegler, von der Autorin aufgezogen / Foto: H. Klosterbecker ▼

Mutter immer wieder. Dabei war niemand ein Vorwurf zu machen. Lora hatte einfach klammheimlich den Karabinerhaken aufgezwickt und sich, nun befreit, in den Zwetschgenbaum geschwungen. Dort saß sie nun und stieß die uns wohlbekannten schrillen Schreie aus.
Meine vor Schreck gelähmten Glieder bekamen wieder Leben. Ich raste die Treppe hinunter in den Garten. Dort hatte Alexander inzwischen die Leiter an den Zwetschgenbaum gestellt. Vorichtig kletterte ich nach oben. Und langsam, Ast für Ast, rückte Lora höher. So einfach wollte sie ihre neu errungene Freiheit nicht preisgeben.
Wäre sie nicht plötzlich davongeflogen, hätten wir sicher das Spiel bis zum Wipfel weitergetrieben.
Nun half nur noch eines: Den Käfig ins Auto und hinterher!
Zwei Straßen weiter hörten wir Lora schreien. Diesmal dankte ich dem Himmel für ihre Lautstärke. Wir fanden sie wieder auf einem alten Kirschbaum. Dort saß sie auf einem der äußersten, unerreichbaren Zweige und knabberte die Blätter ab. Ich rief und lockte. Hob den Käfig empor, zeigte ihr das Futter, doch auch selbst die geliebten Apfelsinenstückchen bewegten sie nicht dazu, zurückzukehren. Nach einer Zeit, die mir endlos schien, hatte sie den Zweig von sämtlichen Blättern entlaubt und flog zum nächsten. Zwischendurch schrie sie immer wieder und machte dadurch die in unmittelbarer Nähe wohnenden Menschen auf sich aufmerksam. Bald standen wir nicht mehr allein auf der Straße. Es gesellten sich immer mehr Neugierige dazu und reckten die Hälse nach oben.
Früher, als wir noch Kinder waren, machte es uns sehr viel Spaß, uns irgendwo hinzustellen, die Hälse nach oben zu recken und auszurufen: ,,Da, guck mal, siehst du's? Toll, was?" Jeder, der vorüberkam, blieb stehen und versuchte, das zu entdecken, was uns so begeisterte, das aber nur in unserer Phantasie existierte.
Nun, diesmal war mir nicht zum Lachen zumute.
Als die Dunkelheit hereinbrach, breitete Lora plötzlich ihre Schwingen aus, drehte sich im Kreis und flog mit kräftigem Flügelschlag davon. Wir sahen sie später noch einmal in einem Birnbaum sitzen. Ehe wir etwas unternehmen konnten, flog sie wieder davon, und wir verloren sie endgültig aus den Augen. Alle Vogelfreunde,

die das einmal erlebt haben, verstehen, wie sehnlichst man sich in dieser Situation Flügel wünscht, um das entflogene Vögelchen wieder einfangen zu können.
Zu Hause konnte ich den Anblick des leeren Käfigs kaum ertragen. Während des Abendessens, wobei wohl keiner von uns einen richtigen Bissen hinunterbrachte, rollten mir plötzlich die Tränen über die Wangen. Ich hielt es nicht mehr aus, rannte zum Auto und fuhr ins Feld, dorthin, wo wir Lora zuletzt gesehen hatten.
Es war fast dunkle Nacht, und ich sah die Sinnlosigkeit ein, noch länger nach Lora zu suchen. So heulte ich mich alleine im Auto richtig aus und versuchte, mich selbst zu trösten, indem ich mir sagte, daß entflogene Vögelchen auch schon mal wieder eingefangen werden. Warum sollte ich nicht auch das Glück haben?
Beschäftigt mit Heulen und Selbstmitleid bemerkte ich die Polizeistreife erst, als sie vor meinem Wagen anhielt. Die Polizisten öffneten die Heckklappe ihres Fahrzeuges und ein Schäferhund sprang heraus. Er machte von seiner Freiheit ausgiebig Gebrauch, tollte über die Wiese und hob hie und da ein Bein.
Polizei! Das war gerade das, was ich jetzt brauchte! Was mir helfen konnte!
,,Sie kommen wie gerufen", begrüßte ich die Beamten, ,,ich möchte eine Vermißtenanzeige machen."
Ich bin sicher, daß die Hüter der Ordnung dachten, mir sei der Bräutigam weggelaufen, als sie mein verheultes Gesicht sahen. Nachdem sie meine Papageiengeschichte angehört hatten, sagte einer der beiden: ,,Wie schade daß unser Hund nicht fliegen kann. Wir würden ihn sonst sofort auf die Spur setzen!"
Ach, das tat gut, wieder etwas lachen zu können nach der Heulerei. Trotz Polizei, trotz Zeitungsanzeige, Lora blieb verschwunden.
Nun, da ich diese Zeilen schreibe, sitzt ein Graupapagei auf meiner Schulter. Er heißt Jako. Jako ist lieb. Er spricht, pfeift und gibt laut schmatzend Küßchen. Seine größte Wonne ist es, wenn ich ihn so richtig knuddele. Er hat nur einen Fehler — er gehört mir nicht. Ich habe ihn nur für kurze Zeit in Pflege. Jako hat Glück gehabt. Wieviele Papageien aber sitzen in Abstellkammern und Kellerräumen, nur, weil sie nicht sprechen. Ich habe sie selbst dort herausgeholt. Sie haben keine Seele? Wer das behauptet — auch das habe ich erlebt

— der sollte einmal versuchen, in einem Papageienauge zu lesen. Er findet dort Liebe, Angst, Verspieltheit, Mißtrauen.
Unlängst las ich eine Anzeige, deren Wortlaut ich hier wiedergebe:

Achtung!
Wer hat einen jungen, schönen Ara zu verkaufen, der viel und gut spricht, auf der Stange sitzen bleibt, nicht abfliegt, ohne Aufsicht bleiben kann, Stubenvogel, kein Schreier. Gesund muß er sein. —

Von wahrer Tierliebe ist dieser Papageienfreund weit entfernt, unfähig, unsere gefiederten Freunde als das anzusehen, was sie sind: Liebenswerte Geschöpfe mit Persönlichkeit und Seele.

Die Trompeten von Jericho

Mitte Juli. Nach einer langer Regenperiode schien endlich wieder die Sonne. Sie lockte die emsigen, mit Harke und Spaten bewaffneten, Gartenbesitzer hinaus auf das feuchte Land.
Zufrieden begutachtete ich meinen frisch gemähten Rasen. Zeit, Mittagspause zu machen. Ich hatte mich gerade gemütlich in einem Liegestuhl niedergelassen, als das Telefon klingelte. Der Anruf kam aus dem Tierheim und brachte mich um meine wohlverdiente Mittagsruhe. Einige Ortschaften weiter, so hieß es, sei ein Bauer in argem Zorn. Wie aus blauem Himmel seien zwei Pfauen in seinen Hühnerhof eingefallen und fräßen nun diesen eierlegenden Nutztierchen das ganze Futter weg. Der Tierschutz müsse sich kümmern, andernfalls würde er den Pfauen die Hälse rumdrehen.
Ich kümmerte mich. Bald saß ich im Wagen und fuhr los. Unterwegs machte ich mir Gedanken, womit ich die Pfauen transportieren könnte und ob meine Greifvogeltransportkiste im Kofferraum wohl ausreichte. Ich hatte ewig keine Pfauen mehr gesehen. Wie groß waren sie eigentlich?
Nach zwanzig Minuten erreichte ich den Bauernhof. Vorerst sah ich dort weder Hühner, noch Pfauen. Im Vorgarten kämpfte sich eine junge Frau, ungeachtet der großen Mittagshitze, durch einen Berg Unkraut.
,,Guten Tag, ich komme vom Tierheim und möchte die Pfauen abholen!"
,,Gott sei Dank", kam die Antwort, ,,die sind im Keller. Da drüben im Neubau. Mein Mann hat sie da reingelockt."
Als wir über den Hof gingen, musterte sie mich: ,,Wollen Sie die Pfauen alleine einfangen und transportieren?"
Ich zuckte, unsicher geworden, mit den Schultern. Warum fragte sie so argwöhnisch?
Im Neubau mußten wir über einige breite Bretter steigen. Die Kellertreppe war noch nicht ganz fertiggestellt.
,,Moment mal", sagte die Bauersfrau, ,,ich muß hier erst mal den Balken wegheben."
Dieser hinderte die noch nicht befestigte Kellertür am Umkippen.

Gemeinsam hoben wir das Hindernis beiseite, und der Zutritt wurde frei. Mein Blick fiel auf einen mit Wasser gefüllten Kochtopf aus Großmutters Zeiten. Immerhin, als Vogeltränke noch ganz brauchbar. Und dann sah ich sie! Sie standen in einer dunklen Ecke zwischen Balken und alten Kisten und musterten uns mit Mißtrauen. Mein Gott, waren das Riesenvögel! Viel zu groß für meine Transportkiste. Trotzdem wagte ich einen Fangversuch. Vorsichtig! Langsam! Da, noch einen Schritt und . . . da hatte sich die Zahl derer erhöht, die einmal eine Ohrfeige von einer starken Pfauenschwinge abbekommen haben.
So ging es also nicht. Es blieb nur die Möglichkeit, gemeinsam mit meinem Mann am Abend in der Dunkelheit einen neuen Fangversuch zu starten.
Während der Heimfahrt überlegte ich, wem die Pfauen wohl ausgerissen sein mochten. Einige Telefongespräche, die ich später zu Hause dieserhalb führte, brachten keinen Erfolg.
„Lieber Mann", sagte ich später zu meinem Eheliebsten, „du wirst dich heute abend noch als Tierfänger betätigen müssen", und ich erzählte ihm die Pfauengeschichte.
„Ich wollte aber doch einen Krimi angucken!" Es klang nicht sehr erfreut.
„Vielleicht wird unser Pfauenfang spannender als dein Krimi", meinte ich vielsagend.
Als es dunkel wurde, machten wir uns auf den Weg. Im Kofferraum lagen eine Wolldecke und zwei große Pappkartons. Nach einer kurzen Weile Fahrt, sah ich plötzlich weiter voraus einen Feuerschein: „Da brennt's doch irgendwo!"
„Wenn das im Sägewerk ist, müssen wir einen Umweg fahren", sagte mein Mann. Sein Krimi rückte in unerreichbare Fernen.
Wir kamen der Brandstelle immer näher. Feuerwehrautos rasten an uns vorbei, und plötzlich sahen wir eine Riesenflamme zum Himmel emporlodern. Aufgeregte Menschen standen gestikulierend am Straßenrand. Einige rannten zum Sägewerk. Ein Stück davor versperrte eine Polizeistreife die Fahrbahn. Wir mußten den Umweg nehmen. Er führte über eine Anhöhe, und von dort sahen wir, wie die Bewohner der in unmittelbarer Nähe des Brandes gelegenen Häuser die Fassaden mit Wasser bespritzten. Wir hörten Holz

knallen und prasseln. Funken stoben nach allen Himmelsrichtungen. Die Abendluft vermischte sich mit dem Brandgeruch und hatte nichts mehr von ihrer Frische. Viele Menschen auf Fahrrädern, in Autos oder zu Fuß kamen uns entgegen. Sie alle wollten die Feuersbrunst aus nächster Nähe miterleben. ,,Besser wir fahren weiter", gab ich zu bedenken, ,,sonst sind nachher alle Straßen verstopft." Im Bauernhof trafen wir niemanden an. Scheinbar waren auch hier alle Bewohner zur Brandstätte gelaufen. Ich wußte ja, wo die Pfauen untergebracht waren, und wir suchten uns den Weg zum Neubau durch den spärlich beleuchteten Hof. Wie am Nachmittag mußten wir zuerst wieder Balken und Tür beiseite räumen. Im Schein unserer Taschenlampe entdeckten wir die Vögel schnell. Ruhig standen sie dicht beieinander.
,,Paß auf, daß sie nicht zur Tür hinaus können", sagte ich zu meinem Mann, undmit einer Wolldecke bewaffnet, schlich ich mich an die Vögel heran. Leise, leise! Noch ein ganz kleines Stückchen! Zwei, drei Schritte... geschafft! Eine der Pfauenhennen zappelte in der Wolldecke, die ich über sie geworfen hatte. Na, das war prächtig gegangen! Aber noch kein Grund zu jubilieren, denn die zweite Henne war bei dieser Aktion natürlich nicht auf ihrem Platz stehen geblieben und flatterte aufgeregt durch den Keller. Sie versuchte, durch das erhöht liegende Kellerfenster, das noch keine Scheiben hatte, zu entfliehen. Da es im Keller dunkler war als draußen, verspürte sie den Drang, durch den hellen Fleck dieser Öffnung das Weite zu suchen.
,,Achtung!" rief mein Mann. ,,Festhalten!"
Ich hörte ein Scheppern, Wassergeplansche und dann einen saftigen Fluch: ,,Sch...!"
Mein Mann war direkt in den vorsintflutlichen Kochtopf getreten, der den Vögeln als Tränke diente.
Unser Unternehmen war nicht ganz ungefährlich. Überall nämlich ragten rostige Nägel aus den alten Balken hervor. Es bestand auch für den Vogel die Gefahr, daß er sich bei dieser wilden Jagd daran verletzte. So beendeten wir den Fangversuch, damit sich die Pfauenhenne erst einmal beruhigen konnte.
Es hatte keinen Sinn, einfach daraufloszujagen. Wir beschlossen, daß sich mein Mann im Schutze der Dunkelheit unter die Kellerfen-

steröffnung schleichen sollte, um den, von mir in diese Richtung getriebenen Vogel, mit der ausgebreiteten Decke dort zu erwarten. Eine strategische Meisterleistung! Ich griff an, und die Pfauenhenne rannte genau in das feindliche Lager. Mein Mann warf die Decke und schon war der Vogel im Karton und fertig zum Transport.
Ohne Zwischenfälle verlief die Rückfahrt. Die Feuerwehr hatte inzwischen den Brand im Sägewerk eingedämmt, und wir konnten die Straße wieder befahren. Ein Glück, daß ich zu Hause die größte Voliere frei hatte. Zwei Tage zuvor noch beherbergte sie eine wunderschöne Waldohreule, die sich nun sicher wieder ihrer neugewonnenen Freiheit erfreute.
Bald durchschritten die beiden Pfauendamen das Gehege, neugierig nach allen Seiten äugend. Sie bekamen eine Handvoll Taubenfutter und frisches Wasser, damit sie sich nach den Aufregungen stärken und erfrischen konnten. Die großen, braungezeichneten Vögel beruhigten sich schnell.
Zufrieden mit der Welt, mit meinem Mann und mit mir selbst, legte ich mich gegen Mitternacht zur Ruhe nieder.
Die aufregenden Erlebnisse des vergangenen Tages beschäftigten mich noch im Traum. Er führte mich nach Afrika, wo ich versuchte, einen Elefanten zu fangen, der, wilde Schreie ausstoßend, vor mir davonlief. Der graue Koloß verwandelte sich plötzlich in eine weiße, engelsgleiche Gestalt, die mit einer Riesentrompete durch die Gegend schwebte.
Die Lautstärke nahm zu. Mein Gott! Das jüngste Gericht! Die Trompeten von Jericho! Wie ein Senkrechtstarter fuhr ich aus tiefem Schlaf auf. Kein Elefant, kein Engel zu sehen. Ich saß in meinem mir wohlbekannten Bett. Ein Blick auf den Wecker zeigte mir, daß es gerade erst vier Uhr geworden war. Leise hörte ich ein Rotkehlchen singen. Beruhigt kuschelte ich mich wieder in mein wieches Kopfkissen. Wie schön, erst vier Uhr. Da konnte ich ja noch gut zwei Stunden schlafen. Ich hatte kaum die Augen geschlossen, als ein erneutes, durchdringendes Trompeten den zarten Gesang des Rotkehlchens übertönte. Du lieber Himmel, ich hatte ja gar nicht geträumt! Das waren echte Schreie! Die Pfauen, schoß es mir durch den Kopf. Barfüßig stürzte ich zum Fenster. Von dort aus war es möglich, die Voliere einzusehen. Ruhig und friedlich lag der

Garten. Keine Katze in Sicht. Die Pfauen standen ohne Anzeichen von Angst in ihrem Gehege. Einerseits aus Vorsicht, andererseits der Nachbarn wegen, wollte ich doch lieber nachsehen, was dieses markerschütternde Geschrei zu bedeuten hatte. Ich suchte meine Hausschuhe zusammen, die — ich kann es mir einfach nicht angewöhnen — nie akurat vor meinem Bett stehen, und machte mich gähnend auf den Weg. Mein Mann mit seinem gesunden Schlaf hatte von alledem nichts mitbekommen.

Da, schon wieder diese irrsinnigen Töne! In der Stille am frühen Morgem wirkten sie doppelt laut.

Auch ,,Teo", unser Mäusebussard, sah sich nun veranlaßt, laute Begrüßungsschreie auszustoßen. Nun fehlten nur noch die Hunde und die ,,Bremer Stadtmusikanten" wären perfekt.

,,Mensch, Teo, halt den Rand!" rief ich verzweifelt ob der Geräuschkulisse.

Ich war gezwungen, irgend etwas zu tun um Ruhe zu schaffen. Was war nur mit den Biestern los?

Die Pfauen hatten Futter und Wasser. Taubenfutter! Vielleicht mochten sie das nicht. Wo immer ich früher Pfauen gesehen hatte, fiel mir jetzt ein, standen sie auf Wiesen, im Grünen. Das mußte es sein! Sie verlangten nach Grünfutter. Im stillen verwünschte ich meinen, mit Unkrautvernichter gemischten Rasendünger. Und frisch gemäht war der Rasen auch noch! Ich robbte umher. Hatte ich nicht irgendwo ein kleines Stückchen vergessen? Da, unter dem Johannisbeerstrauch! Klee! Wunderschöner, gehasster und nun geliebter Klee! Schnell raffte ich eine Handvoll zusammen und warf das Grünfutter in die Voliere. Und siehe da — meine Pfauendamen stürzten darauf zu und bald war kein Blättchen mehr davon zu sehen. Nun noch etwas Nachschub und die Morgenruhe würde wieder hergestellt sein. Ich hatte mich nicht geirrt. Noch eine Weile beobachtete ich die Tiere, gab dann meinem Teo noch ein Stöckchen zum Spielen und trollte wieder zurück ins Bett.

Einige Tage später meldete sich der Besitzer der Pfauen. Durch eine Suchanzeige, die wir im Kreisblatt aufgegeben hatten, wußte er, daß die Tiere bei mir untergebracht waren.

,,Ich habe gelesen, daß meine beiden Pfauen bei Ihnen sind. Ich will diese elenden Viecher jetzt abholen." Mit diesen Worten zerrte der

▲ Der „Fensterhabicht" / Foto: Autorin

Mäusebussard „Teo" genießt die erste Frühlingssonne / Foto: Autorin ▼

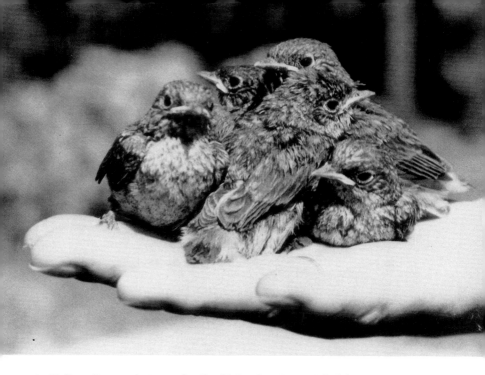

▲ Fünf junge Gartenrotschwänze aus der „Vogelkinderstube" / Foto: A. Polaschek

Lämmi vergnügt sich im Garten / Foto: A. Polaschek ▼

▲ Die große Falle für viele Tiere. Junger Habicht mit schweren Verletzungen / Foto: Archiv

Gierig verschlingt der halbverhungerte Greif die dargebotene Nahrung / Foto: A. Polaschek ▼

▲ Mäusebussard mit zerfetztem Gefieder durch Haltung hinter Draht / Foto: Autorin

▲ Ein gesundgepflegter Bussard erhält die Freiheit wieder
Foto: H. Kosterbecker

Ein seltener Pflegling, Ziegenmelker / Foto: Autorin ▼

kleine, untersetzte Mann einen Sack und eine Kordel aus seinem Auto.
,,Dreimal sind die Biester mir schon ausgerückt. Der Hahn — ich habe auch noch einen Hahn — ist unlängst auf die Eisenbahnschienen geflogen. Der Zug hat ihn angefahren und jetzt hinkt er, der Hahn."
,,Sie werden die Tiere nicht genügend gefüttert haben", antwortete ich spitz.
,,Doch, genug Futter haben die gehabt", antwortete der mir ziemlich unsympathische Mann, ,,aber sicher war es ihnen zu langweilig, da sind sie halt ein bißchen rumgeflogen."
Uje, dachte ich, dorthin sollte ich die Vögel zurückgeben? Mir fiel keine andere Lösung ein. Der gute Mann war der rechtmäßige Besitzer, und ich mußte die Pfauen wohl oder übel wieder herausrükken. Mit dem Einfangen schien er jedenfalls mehr Übung zu haben als mein Mann und ich zusammen. Ruckzuck ergriff er die Tiere, und steckte sie, für meine Begriffe viel zu grob, in den Sack. Für meine Auslagen und die Pflege der Pfauen versprach er mir einige Ballen Heu.
,,Ich werde sie mir selbst abholen", sagte ich und hatte dabei im Sinn, einmal die Unterkunft dieser ,,elenden Viecher" anzusehen.
Am nächsten Wochenende fuhr ich mit gemischten Gefühlen los. Was würde mich erwarten?
Ich wurde das Gefühl nicht los, daß die Pfauen nicht gerade den Himmel auf Erden bei diesem schimpfenden Mann hatten. Es waren nur wenige Kilometer zu fahren, und als ich mein Ziel erreicht hatte, stand der Pfauenbesitzer, nun gar nicht mehr schimpfend, vor seiner Haustür. Bei Gott, er konnte ja lachen!
Das Heu, so meinte er, sei außerhalb des Dorfes untergebracht. Er fuhr mit seinem Wagen vor mir her, um mir den Weg zu zeigen. Während wir fuhren, ging mir ein Text des Naturschutzgesetzes durch den Sinn: ,,Jeder, der ein Tier betreut, muß ihm artgemäße Nahrung, Pflege und verhaltensgerechte Unterbringung gewähren. Auch das Bewegungsbedürfnis darf nicht dauernd eingeschränkt werden."
Das würde ich dem Tierhalter nachher mit allem Nachdruck verständlich machen.

Anfangs war mir gar nicht aufgefallen, daß wir in ein schönes grünes Tal hineingefahren waren. Beschäftigt mit meiner Strafrede, hatte ich auf die Umgebung nicht sonderlich geachtet. Auf einem grasigen Feldweg fuhren wir bergab und standen bald vor einem großen Holztor. Die Einfahrt erinnerte mich an die einer amerikanischen Ranch. Rechts und links dienten aufrechtstehende, mächtige Baumstämme als Stütze für einen darübergelegten, wunderschön geschwungenen Holzbalken.
Mein Begleiter öffnete und wir fuhren weiter bis zu einem massiven Blockhaus, das sich unter einer hohen Baumgruppe malerisch in das Landschaftsbild einfügte.
Das ganze Grundstück war mit einem hohen Drahtzaun umgeben. An leicht abfallenden, mit Büschen und Sträuchern bewachsenen grünen Hängen weideten kleine Ziegen, deren Halsglöckchen bei jeder Bewegung lustig klingelten. Ein wohlgenährter Damhirsch kam mir zutraulich entgegen, sein Haupt geschmückt mit mächtigen Schaufeln. Meine Sorgenkinder, die Pfauen, standen vor einem kleinen Holzhäuschen, das ganz so aussah, als hätte man es mit viel Liebe nur für sie gezimmert.
Ich war sprachlos. Schämte mich. Bat im stillen den Mann an meiner Seite um Abbitte für meine Voreingenommenheit. Nicht ohne Stolz erzählte er mir, daß dies sein liebstes Fleckchen Erde sei. Bald würde er pensioniert sein und die meiste Zeit nur noch hier verbringen.
Rauhe Schale, weicher Kern. Wirklich ein wahres Sprichwort.
Wir gingen über die Wiese hinunter zum Heustadel, und als wir an den Pfauen vorüberkamen, war ich es die nun ausrief: ,,Ihr blöden Viecher! Warum bleibt ihr nicht hier? Besser werdet ihr es nirgendwo antreffen!"

Adolf Hahn

Das Telefon schellte spät am Abend. Meine düstere Ahnung bestätigte sich.
„Tierheim! Bitte glauben Sie nicht, daß ich besoffen bin", hörte ich die Stimme der Heimleiterin, „aber ich bringe Ihnen gleich ein völlig nacktes, bunt bemaltes Huhn!"
„Waaas . . .?"
„Ja, das habe ich auch gesagt. Ich weiß nicht, ob ich lachen oder heulen soll, wenn ich es ansehe. Tschüss, bis gleich, ich wollte nur wissen, ob sie zu Hause sind."
Verwirrt legte ich den Hörer auf.
Ein bunt bemaltes Huhn? Lebend gerupft? Das durfte doch nicht wahr sein!
Ich ging nach unten, öffnete das Tor und knipste das Hoflicht an. Ein kalter Ostwind wehte mir entgegen. Fröstelnd zog ich meine Strickjacke enger zusammen. Ich ahnte in diesem Moment nicht, daß dies die zweite Nacht war, an die ich mich später nur noch mit Widerwillen erinnern würde.
Das Erlebnis der ersten traurigen Nacht liegt schon zwei Jahre zurück, doch es steht noch vor meinen Augen, als sei es erst gestern geschehen.
Ende Januar. Ich feierte meinen Geburtstag und hatte auch die Tierheimleiterin zum Abendessen eingeladen. Sie kam erst zwei Stunden nach der vereinbarten Zeit. Aus Rücksicht auf die anderen Gäste hatte ich mit dem Abendbrot nicht mehr auf sie gewartet.
Sie kam, hatte eine Tragetasche in der Hand, überreichte sie mir und sagte sarkastisch: „Hier bringe ich Ihr Geburtstagsgeschenk."
Ich kannte sie damals schon lange genug, um auch ohne viel Worte zu erkennen, daß sie vor Wut förmlich kochte. Ich öffnete die Tasche und zog eine tote Katze heraus, die mit dem Kopf in der Schlinge eines braunen Schnürsenkels hing.
Folgendes hatte sich zugetragen: In der Absicht, eine alte Dame zu ärgern, die, weit über achtzig Jahre alt, nichts mehr hatte zur Freude als ihr Kätzchen, waren Rowdies auf die abscheuliche Idee gekommen, dieses Tier umzubringen.

Sie fingen die Katze ein, banden einen Schnürsenkel um den Hals des Tieres, und schleuderten es so lange im Kreis, bis es erstickte. Um der abstoßenden Tat die Krone aufzusetzen, hingen sie die verendete Katze an das Treppengeländer im Hausflur der alten Dame. Die Lichter des Tierschutzautos rissen mich aus meinen trüben Gedanken. Gedanken, an all die traurige Fracht, die dieses Fahrzeug im Laufe der Jahre befördert hatte, und auch diesmal bot sich ein Anblick, gleichermaßen abstoßend wie grotesk, Zeugnis gebend von menschlicher Macht über das Tier.

Das Tier wird vom Gesetzgeber als eine ,,Sache" bezeichnet. Ich kann meinen Hund verhungern lassen, ihn schlagen bis zur Bewußtlosigkeit und ich kann auch ein Huhn bei lebendigem Leib rupfen. Was soll's? Wenn es nur niemand bemerkt. Und wenn es bemerkt wird, ist es für das arme Tier meist schon zu spät.

,,Daß einmal das Wort ‚Tierschutz' erfunden werden mußte, ist eine der blamabelsten Angelegenheiten menschlicher Entwicklung" (Theodor Heuss).

Eine tiefe Verzweiflung stieg in mir auf, als ich das gerupfte Huhn in meinen Händen hielt. Es fühlte sich nackt und heiß an. Überall auf der Haut befanden sich rote Farbstriche. Der Rücken des Tieres war verunziert mit der Darstellung eines in schwarzer Farbe gemalten Hakenkreuzes. Zu allem Übel hatten die Tierquäler den Hals des Huhnes mit einem Wollfaden versehen, an dessen Ende eine Patrone des Kalibers 38 Spezial hin und her schwang. Täter unbekannt. Das Huhn war laut gackernd durch die Straßen der Kurstadt Bad Orb gelaufen und von einer Polizeistreife eingefangen worden. Hier an dieser Stelle erhebt sich die Frage, warum ich das gemarterte Tier nicht sofort getötet, von seiner Qual erlöst habe. Ich sah keinen Sinn darin, einem Tier das Leben zu nehmen, das durchaus noch lebensfähig war. Fast täglich erhalte ich Tiere, meist Vögel, die sich infolge einer Verletzung oder Krankheit nicht mehr in der Natur behaupten können. Und immer wieder muß ich, im Zweifelsfalle der Tierarzt, entscheiden über Leben oder Tod. Sei es eine kleine Mehlschwalbe mit gebrochnem Flügel; sei es der Igel, der nur drei Beine hat oder die Singdrossel mit gebrochenem Unterschnabel. Wer jemals diesen Tieren in die Augen geblickt hat, der weiß, was es heißt, die letzte Entscheidung zu treffen.

Ich entschied für das Leben. Das Huhn hatte die Qual überstanden. Die Federn würden wieder nachwachsen.
Unser Patient brauchte schnellstens Wärme. Ein natürlicher Kälteschutz war durch den gewaltsamen Federverlust nicht mehr gewährleistet. Dran glauben mußte einer der beiden Ärmel eines alten Wollpulovers meines Mannes. Vier Schnitte entwerteten ihn ein für allemal. Zwei für die Beinchen und zwei für die kleinen Flügel. Der Maßanzug war fertig und bedeckte die häßlichen Malereien. Ich hatte sie nicht entfernt, um die Haut des Tieres nicht noch mehr zu reizen. Es fand sich auch noch ein Wäschkorb. Gut gefüllt mit wärmendem Heu diente er unserem Huhn als erste Notunterkunft. Brav blieb es darin sitzen und schaute zu mir herauf. Ich wußte gar nicht, daß Hühner schöne, kluge Augen haben. Wer weiß das schon?
In der ersten Nacht mußte das ,,Huhn im Korb" mit der Badewanne vorlieb nehmen. Es war spät geworden und nicht mehr möglich, die Tiere im Vogelzimmer an den neuen Gast zu gewöhnen.
Am nächsten Tag fuhr ich mit meinem Huhn zum Tierarzt. Ein junger Mann saß im Wartezimmer, auf dem Schoß eine Katze. Er sagte nur ein Wort beim Anblick des geschundenen Tieres und als ich ihm den Hergang geschildert hatte: ,,Mistkerl!"
Doch an seinem Gesichtsausdruck erkannte ich, was er getan haben würde, fiele ihm der Tierquäler in die Hände.
,,Das Huhn wird wieder", sagte der Arzt, und ich fuhr nach Hause, in der Tasche ein Fläschchen guter Vitamintropfen für den Federwuchs.
Am Nachmittag erhielt ich Besuch. Reporter. Die Sache mit dem Huhn hatte sie neugierig gemacht. Sollten sie fotografieren, soviel sie wollten. Dem Huhn schadete es nicht, die Öffentlichkeit aber erfuhr, welch ,,nette" Zeitgenossen unter uns weilen, die einer solchen Tat fähig sind. Vielleicht würden dann hin und wieder die Augen besser offengehalten.
Ein entscheidendes Ereignis im Vogelzimmer war der Einzug des Huhnes. Die Bewohner, ein Wespenbussard, eine Amsel, ein Girlitz und eine Taube suchten erst einmal die obersten Regionen auf. Man konnte ja nie wissen! Nicht zu vergessen die Bodentiere. Da war Luise, der weiße Zwerghase. Luise, männlichen Geschlechts,

trug den Namen schon, als er zu uns kam. Wir mochten ihn nicht umtaufen. Da waren noch Mutzi und Putzi, die beiden Meerschweinchen weiblichen Geschlechts. Alle drei brachte so leicht nichts aus der Fassung. Der Amselhahn schaffte es ab und zu, indem er wie der Teufel zwischen die kleinen Felltierchen stob. Gugugu, das Täubchen, trippelte mit kleinen Schritten auf dem Sitzbrett herum und nickte scheinbar bejahend mit dem Kopf: ,,Komm nur rein, du Huhn du, es ist noch Platz genug, mein Futter laß' in Ruh, du!" Thilo, der Wespenbussard, saß mit über alles erhabener Grazie auf dem höchsten Ast. Niemand würde ihn von dort verjagen, am allerwenigsten ein Huhn. Pah!

Winzling, der kleine Girlitz, vertrug sich mit jedem Tier. Leben und leben lassen war seine Devise.

Na, das schien ja alles gutzugehen. Das einschneidende Ereignis des Einzugs betraf weniger die Vögel als mich. Ich hatte eines nicht bedacht: Das, was ein Huhn fallen läßt, ist nicht zu vergleichen mit den kleinen Klecksen einer Amsel und den etwas größeren einer Taube. Wespenbussard Thilo hatte ,,seinen Platz" und dort lagen immer alte Zeitungen.

Aber das Huhn!

Wohlgenährt und verwöhnt mit vielen guten Dingen die ein Hühnerherz höher schlagen lassen, hatte es bald einen sagenhaften Durchlauf vom Schnabel bis zum ,,Ausgang".

Der erste Kot frühmorgens stank penetrant. Oft stand ich in der Morgendämmerung schon mit einem Stück Papier bereit, um dieses Häufchen Geruchserzeuger so schnell wie möglich aus dem Vogelzimmer zu entfernen. In meiner Verzweiflung legte ich den ganzen Boden mit Zeitungspapier aus, bedachte aber nicht, daß Hühner liebend gern scharren. Auch wehten die Zeitungen wild durcheinander, wenn der Wespenbussard darüberflog und mit seinen großen Schwingen die Luft in Bewegung setzte.

Nun hatte ich in jenem Winter — es war der Winter der Igelschwemme — schon genug damit zu tun, der Igelhäufchen Herr zu werden. Und dazu noch die Haufen des Huhnes — nein — das war zuviel!

Der einzige Ausweg schien mir, das Huhn abzugeben. Natürlich nur in einen geheizten Hühnerstall. Aber wer heizt schon einen

Hühnerstall? Folglich blieb das Huhn. Eines Tages hatte ich die rettende Idee, und ich fragte mich, warum sie mir nicht schon früher eingefallen war. Torf! Ich bedeckte den Boden des Vogelzimmers mit leicht angefeuchtetem Torf, kehrte zweimal in der Woche aus und streute frisch ein. Der neue Bodenbelag erwies sich als sehr anziehend für alle Vögel. Sie hielten sich künftig vorwiegend auf dem Boden auf. Ein gutes Korn im Torf zu finden, war viel interessanter als das langweilige Gepicke aus dem Futternapf.

Das Problem schien gelöst – mit einer Ausnahme. Ich mußte nämlich mindestens zweimal am Tag das Vogelzimmer betreten, um zu füttern und nach dem Rechten zu sehen. Dies war nur durch eine Tür möglich, die Vogel- und Wohnzimmer miteinander verbindet. Ich war, wie gesagt, ziemlich überlastet in jenem Winter. Immer in Eile. Ich versäumte es immer wieder, meine Schuhsohlen zu säubern, bevor ich, aus dem Vogelzimmer kommend, das Wohnzimmer betrat. Das Resultat waren unzählige Torfkrümel auf dem Teppichboden. Dafür fand ich, bei aller Liebe, in meiner Familie kein Verständnis. Um des lieben Friedens Willen, und in der Absicht, sie immer zu wechseln, stellte ich ein paar Schuhe neben die Tür. Es war Winter. Man trug Stiefel. Mit Knöpfen, mit Reißverschluß oder zum Schnüren. Viel zu zeitraubend für mich, jedesmal einen Schuhwechsel vorzunehmen. Es blieb also bei der guten Absicht und bei dem torfgedüngten Teppichboden. Es gab natürlich einen Staubsauger im Haus. Auch hier sah ich Zeitprobleme. Das Gerät hervorholen, ins Wohnzimmer ziehen, saugen und wieder wegstellen. Und das zweimal am Tag! Nein! Ich saugte also nur dann, wenn ich Zeit hatte und das war nicht oft.

Um meine Familie dem Huhn gesonnen zu machen, erfand ich eine List. Eines Tages rannte ich aus dem Vogelzimmer, in der Hand ein Ei und trompetete: ,,Ein Ei, ein Ei! Das Huhn hat ein Ei gelegt!" Alexander kam und staunte. Mein Mann und Oma kamen und staunten, und sie betrachteten das Ei, als ob sie noch nie ein Hühnerei gesehen hätten.

,,Tja, seht ihr, nun bedankt sich das Huhn für all die Mühe und Arbeit die es uns macht!" rief ich triumphierend. Gott sei Dank kam niemand auf die Idee, das Ei in die Hand zu nehmen. Es war nämlich kalt, so eiskalt, wie nur ein Ei aus dem Kühlschrank sein kann.

Ein gekauftes Ei, das ich zuvor herausgenommen hatte.
Ich trieb dieses Eierspiel noch oft, und meine Familie übersah künftig die Torfkrümelei geflissentlich.
Unser Huhn liebte es, abends zwischen uns auf der Couch zu sitzen. Dort verhielt es sich ruhig und äugte aufmerksam zum Fernsehapparat. Wegen der „Hühnerkleckse" durften wir die Zeit nur nicht zu lange ausdehnen.
Nach vierzehn Tagen war der nackte Körper schon wieder mit zartem Flaum bedeckt, und die Farbstriche verschwanden darunter. Wir konnten es nun wagen, den „Hühnerpullover" zu entfernen. Ende Februar begannen bei unserem Pflegling die Deckfedern zu sprießen. Zuerst am Kopf und am Rücken. Blütenweiß. Wir fanden es nun an der Zeit, eine neue Unterkunft für das Hühnchen zu suchen. Schließlich ist ein Huhn bei seinesgleichen am besten aufgehoben. Ein Anruf im Tierheim brachte uns weiter. Dort schlummerte nämlich schon seit Wochen ein Brief mit wichtigem Inhalt. Man hatte nur vergessen, ihn mir auszuhändigen. Der Brief war aus Erlangen gekommen. Eine tierliebe Familie hatte damals, als die Reporter für die Verbreitung der Huhngeschichte sorgten, in der Bildzeitung darüber gelesen und wollte das Tier übernehmen. Was besonders daran gefiel, war die Tatsache, daß es dort noch vier weitere Hühner gab, die aus Altersgründen schon lange keine Eier mehr legten, aber das Gnadenbrot erhielten. Für unser, einstmals so geschundenes Huhn, schienen wir dort den richtigen Platz gefunden zu haben. Also setzten wir uns in Verbindung, und bald hieß es Abschied nehmen von einem Tier, das uns in der kurzen Zeit seines Hierseins ans Herz gewachsen war.

Unser Huhn verbrachte die Fahrt nach Erlangen auf dem Rücksitz eines Autos, gut untergebracht in einer Einkaufstasche mit Heu. Es wurde künftig von seiner neuen Pflegemutter „Susl" genannt.
Einige Tage später erhielten wir einen Brief aus Erlangen. Susl sei das gepflegteste, liebste, zahmste Huhn weit und breit. Jeden Morgen stünde sie vor der Küchentür, um sich ein Stück Wurst zu erbetteln. Außerdem habe sie jeden Tag, außer dienstags, ein Ei gelegt. Nicht, daß man besonderen Wert darauf legen würde, aber schön wäre es doch.

Nun war ich die einzige in unserer Familie, die über Susl's Eier staunte. Heimlich natürlich.
Die Zeilen aus Erlangen machten mich glücklich. Wie hatte man mir damals von allen Seiten in den Ohren gelegen: Verrücktes Getue um ein Huhn, in den Topf damit, an die Wand werfen, auf den Mist, oder den Greifvögeln füttern!
Ich habe das Huhn am Leben erhalten. Warum immer gleich töten? Es wird genug getötet in der Welt.
Hier hat mir der Erfolg recht gegeben. Susl macht einer Familie viel Freude und legt jetzt sogar wirklich Eier. Ich bin nun ganz sicher, daß Susl ein Huhn gewesen ist und kein Hahn. Ich wäre auch sicher gewesen, wenn sie keine Eier gelegt hätte. Eine namhafte Illustrierte aber, machte aus einem Huhn einen „Adolf Hahn".
Adolf — wohl des Hakenkreuzes wegen. Aber „Hahn?" Jener findige Reporter, der den Bericht schrieb, hätte das Tier doch auch „Adolf Huhn" nennen können. Aber Reporter erleben viel, und die Welt ist voller Geheimnisse. Möglicherweise hatte der Zeitungsschreiber irgendwo einmal einen eierlegenden Hahn gesehen.

Der kleine Unterschied

Vogelkinderstube

Meist waren es meine schwierigsten Pfleglinge, die sogenannten kritischen Fälle, die spät abends, wenn nicht gar in der Nacht meiner Hilfe bedurften.
So geschah es auch Mitte Juni gegen zweiundzwanzig Uhr. Ich wollte gerade zu Bett gehen, als das Telefon klingelte. Am anderen Ende der Strippe meldete sich eine aufgeregte Frauenstimme: „Endlich, endlich habe ich Sie gefunden! Seit zwei Stunden suche ich Sie. Ich hatte den Zettel mit Ihrem Namen und Ihrer Adresse verlegt!"
„Worum geht es denn?" fragte ich gespannt.
„Wir haben ein ganzes Nest mit jungen Vögeln gefunden", sagte die Stimme. „Die Kleinen haben noch keine Federn und piepsen unaufhörlich!"
Du lieber Himmel, schon wieder junge Vögel, dachte ich verzweifelt. Es ärgert mich immer wieder, wenn Kinder, oder auch Erwachsene junge Vögel einsammeln, in der Meinung, die Tiere seien von den Eltern verlassen. Meist sind es Jungvögel, die frühzeitig das Nest verlassen, von den Alten aber noch gefüttert und geführt werden.
So fragte ich dann auch ziemlich unfreundlich: „Warum haben Sie denn das Nest nicht an Ort und Stelle belassen?"
„Das war nicht möglich," sagte die Anruferin. „Ein Freund meines Mannes bekam am Nachmittag Hohlblocksteine angeliefert. Als er sie gegen Abend verarbeiten wollte, hat er das Nest dazwischen gefunden."
In diesem Falle war mit den Vogeleltern wirklich nicht zu rechnen. Gott weiß, woher die Steine stammten. Ich bat die Anruferin, das Nest mit dem hungrigen Inhalt sofort zu bringen.
Nun war Eile geboten. Ich raste in den Keller zur Tiefkühltruhe. Schnellstens mußten Grillen aufgetaut werden. Falls es sich bei den Kleinen um Insektenfresser handeln würde, waren diese das beste Aufzuchtfutter.
„Was rennst du denn im Morgenrock noch hier im Treppenhaus herum?" fragte mein Mann verblüfft, als er mit unseren Hunden

vom Abendspaziergang zurückkam. „Ich denke, du bist schon im Bett?"
„Schnell, schnell, die Rotlichtlampe, wir kriegen Kinder!" rief ich ihm zu.
Die Worte „Rotlichtlampe" und „Kinder" brachten jetzt auch meinen Mann auf Trab. Er wußte, daß es sich um Vogelkinder handelte.
Verwundert blickten beide Hunde zu uns herauf. Wieso diese Hektik? Gab's denn heute vor dem Schlafengehen keinen Hundekuchen? Und geschmust wurde wohl auch nicht? „Auf ihr beiden, ins Bett mit euch!" rief mein Mann, und er brachte sie schneller als gewöhnlich in den Zwinger. Es dauerte keine zehn Minuten, und wir hatten alles bereit zur Aufnahme der kleinen Vogelwaisen. Die kläglichen Bettelrufe hörten wir schon, bevor wir die Haustür öffneten. Die mußten ja einen Bärenhunger haben! Der Überbringer dieser kleinen Schreihälse, ein junger Mann, streckte uns eine Brieftasche entgegen, darauf ein Vogelnest, das in seiner Winzigkeit noch nicht einmal die Hälfte des braunen Leders bedeckte.
Fünf weit aufgesperrte, gelbumrandete Schnäbel reckten sich bettelnd in die Höhe. Die Kleinen hatten die Augen noch geschlossen. Auf den Köpfchen, die für die dünnen Hälse viel zu groß schienen, zeigten sich feine Flaumfedern. Die übrigen Körperteile waren noch völlig nackt. Schnell mußte die Rotlichtlampe die fehlende Mutterwärme ersetzen. Und dann hieß es füttern! Alle Viertelstunde einmal reihum. Grille um Grille verschwand in den gelben Dreiecken. Gierig bettelten die Kleinen. Es waren Insektenfresser. Wir erkannten es an den spitzen Schnäbelchen.
„Was meinst du, was sie sind?" fragte mein Mann.
„Vielleicht Bachstelzen", antwortete ich, „aber genau kann ich das erst sagen, wenn die Federn wachsen."
„Wie lange willst du denn noch füttern?"
Ich schielte zur Schlafzimmertür, unterdrückte ein Gähnen und meinte tapfer: „So lange, bis sie die ersten Kotbällchen absetzen, dann erst weiß ich, daß die Verdauung stimmt, und ich kann bis gegen vier Uhr schlafen."
Kurz nach Mitternacht, meine grillenbespickte Pinzette hatte gerade wieder die Runde gemacht, hob einer der kleinen Vögel das Hin-

terteil über den Nestrand. Schwupp! Ich betrachtete mit Entzücken das braun-weiße Etwas, das, gut versehen mit einer dünnen Haut, außen am Nest hängenblieb. Weise eingerichtet von Mutter Natur, dient dieses dünne Häutchen dazu, die Exkremente der Jungvögel zusammenzuhalten, damit sie von den Vogeleltern ohne Schwierigkeiten aus dem Nestbereich davongetragen werden können. Damit ist ein Entdecken durch Nesträuber weitgehend ausgeschlossen. Es dauerte nicht lange, und so als hätten sie es miteinander abgesprochen, hoben nun auch die Geschwister ihre Sterzchen und entleerten sich. Es entstand Bewegung im Nest. Der kleine Vogelknäuel öffnete sich für Sekunden und – was war das . . .? Da schimmert doch etwas! Vorsichtig griff ich zwischen die warmen zarten Vogelkörperchen. Ein Ei. Olivgrün und winzig. Wie ein kleines Zuckerosterei sah es aus. Nun war es nicht mehr schwer, die Vogelart zu bestimmen. Unsere Vögelchen waren Gartenrotschwänze. Schon viele Vögel hatte ich im Laufe der Zeit großgezogen. Mauersegler, Rauch- und Mehlschwalben, Bachstelzen, Hausrotschwänze. Gartenrotschwänze fehlten bisher noch in der gefiederten Schar. Beglückt wandte ich mich wieder meiner Ersatzmuttertätigkeit zu. Noch einmal stopfte ich die hungrigen Schnäbel, prüfte die Wärme der Rotlichtlampe und löschte eine der beiden Lampen im Zimmer aus. Es war nun etwas dunkler, denn selbstverständlich mußten unsere Kleinen, genau wie in der Natur, eine Dämmerungsphase haben. Nach einer halben Stunde durfte auch die andere Lampe ihre Arbeit einstellen und die Nacht war da. Die Rotlichtlampe, für Nachtwärme vorgesehen, gab nur Wärme, aber kein Licht ab. Friede herrschte im Nest, und ich ging beruhigt für eine kurze Nacht zu Bett.
Gegen vier Uhr öffnete ich leise die Tür zum Vogelzimmer. Die kleinen Nackedeis atmeten ruhig und friedlich. Vorsichtig wollte ich mich zurückziehen, um die Kaffeemaschine in Gang zu setzen. Aber daraus wurde vorerst nichts.
Plötzlich, wie auf Kommando, streckten sich fünf dünne, bettelnde Hälse nach oben. Das fordernde Piepsen ließ mich Kaffeemaschine, Duschen und Anziehen vergessen. Schnell mit der Pipette ein Tröpfchen Wasser in die durstigen Kehlen und herbei mit der nahrhaften Grillenmahlzeit.

Immer wieder empfinde ich Hochachtung vor Vogeleltern und vielleicht auch etwas Mitleid, wenn ich sehe, was diese Tierchen leisten müssen, um ihre Brut großzuziehen. Meine fünf Rotschwänzchen nämlich vertilgten an einem Tag eine Menge Grillen, die eine Kaffeetasse bis über die Hälfte füllte. In den nächsten Tagen bereits zeigte sich auch die Wirkung des guten Futters.

Winzig kleine Federkielchen zeigten sich auf den Flügeln der Vogelkinder, und auf dem Rücken bildete sich grauweißer Flaum. Die Augen hatten sie auch bald geöffnet. Lustige, schwarze Knöpfchen. Sie verfolgten neugierig die silberblitzende Pinzette. Ich hatte den Eindruck, daß sich die gierigen Schnäbelchen immer schneller, immer öfter nach oben reckten. Mit dem Appetit der Nestlinge wuchsen auch die Federn. Zarte, rostrote Schwanzfedern zeigten sich. Unsere Kinder entwickelten sich zu bezaubernden Schönheiten. Doch, wie so oft im Leben, ging es auch hier nicht ohne Pannen ab.

Eines Tages stand ich vor der Tiefkühltruhe und suchte vergeblich nach Grillen. Durch eine Verwechslung war mir nicht aufgefallen, daß die kleinen Päckchen weniger geworden waren. Und die Schweiz, die Bezugsquelle jener Tierchen, war weit. Was nun . . . ? Zuerst dort anrufen. Man versprach, die Grillen sofort per Expreß abzusenden.

Für die Zwischenzeit mußte ich mir etwas einfallen lassen. Rinderhack, gekochtes Eigelb, Quark, Weichfresserfutter – das alles lehnte ich ab. Bei empfindlichen Insektenfressern gibt es damit immer wieder Todesfälle. Wir haben – wie kann es anders sein – auch ein Aquarium. Das brachte die rettende Idee. Fischfutter! Getrocknete Mückenlarven! Auch eine natürliche Nahrung.

Unsere Pflegekinder zeigten keinerlei Überraschung, als sie auf ihrer Zunge die angefeuchteten Würmchen spürten. Zufrieden war ich damit aber noch nicht. Nachmittags konnte ich nicht umhin, sämtliche Familienmitglieder einen Eimer in die Hand zu drücken, um im Feld nach Ameiseneiern zu suchen. Wer jemals für fünf hungrige Schnäbel Ameiseneier gesucht hat, der weiß, was er geleistet hat. Im Nachhinein waren die Ameisen im Auto, in den Schuhen, in den Kleidern und an jeder anderen möglichen und unmöglichen Stelle zu finden. Sie benutzten auch oft ihre Beißwerkzeuge.

In der folgenden Nacht regnete es in Strömen. Der Morgen zeigte einen grauverhangenen Himmel mit einzelnen kühlen Schauern. Trotzdem setzte ich, der Not gehorchend, wieder eine Ameisentour an. Geschützt durch Gummistiefel und Regenkleidung suchten wir die Wiesen ab. Aber wo waren sie denn heute, die ersehnten Haufen? Platt waren sie. Wie braune Pfannkuchen lagen sie vor uns und weder von Ameisen, noch von deren Eiern eine Spur. Und überhaupt, wieso gab es so wenig Ameisenhaufen? Wenn sie gebraucht werden, sind sie nicht da. Geht man aber Picknicken oder Campen, sind sie überall.

Meine Vogelschar mußte sich noch einen Tag lang mit Mückenlarven und frisch gehäuteten Mehlwürmern begnügen. Noch genauer als gewöhnlich betrachtete ich die Kotbällchen auf ihre Beschaffenheit, und niemals mehr sind mir künftig die Grillen ausgegangen.

Die Rotschwänzchen wuchsen heran. Sie brauchten mich nicht zu sehen, selbst wenn sie mich nur hörten, fingen sie lauthals an zu betteln. Ihre kleinen Flügel flatterten dabei auf und nieder, so daß das ganze Nest aus den Fugen geriet. Das Nest. Viel war von ihm eh nicht mehr übrig. Auf einer Seite war es völlig abgeflacht, und hin und wieder purzelte eines der Vögelchen heraus. Sie konnten sich nicht verletzen. Das Nest stand in einem Vogelkäfig auf einer Heuunterlage.

Eines Morgens gab es eine große Überraschung. Diesmal waren die Rotschwänzchen vor mir aufgestanden und hopsten munter im Käfig umher. Von diesem Zeitpunkt an gab es keine Kotbällchen mehr, die ich wegtragen mußte. Der Kot war, wie es sich ja schließlich jetzt für einen erwachsenen Vogel gehörte, dünnflüssiger geworden und nicht mehr mit einem Häutchen versehen.

„Nun wollen wir aber mal sehen, was ihr noch könnt", sagte ich und legte einen zappelnden Mehlwurm in den Käfig. Großes Staunen, vorsichtiges Herantrippeln. Ein Vorwitziger fasste den Wurm, ließ ihn wieder fallen und fiel vor Schreck nach hinten um. Nun kam der Dicke, der immer den meisten Hunger hatte, heran. Lächerlich, mit diesem gelben Zappelding würde er schon fertig werden! Der erste Angriff ging ins Leere. Verwirrt hopste er zurück und stieß einen ärgerlichen Piepser aus.

Dann ging er noch einmal zum Angriff über. Beherzt faßte er das begehrte Würmlein mit seinem dünnen Schnabel. Doch, oh weh, er bekam den Wurm in der Mitte zu fassen. Ratlos flatterte er durch den Käfig, setzte sich in eine Ecke und würgte und schluckte. Warum nur wollte dieses widerspenstige Ding nicht rutschen? Die Geschwister, neugierig geworden, näherten sich in durchschaubarer Absicht. Niemals würde der Dicke seine Lieblingsspeise freigeben! Der Futterneid setzte seine letzten Kraftreserven frei. Er verdoppelte die Anstrengung und . . . schaffte es. Fast wäre er an dem Wurm erstickt.

Drei Tage später begann ich, unsere Fünflinge für das Leben in der freien Natur vorzubereiten. In einer großen Voliere lernten sie, auf dünnen und dicken Ästen zu sitzen. Das war nicht so einfach in der ersten Zeit. Mit dem Gleichgewicht klappte es noch nicht richtig, und oftmals purzelte ein kleiner Federball in den Sand. Das Fliegen bereitete ihnen weniger Schwierigkeiten. Sie beherrschten es schon ziemlich gut, als ich sie in die Voliere brachte. Und was gab es da nicht alles zu sehen! Hier ein Käferchen und dort ein Spinnchen. Unsere Rotschwänzchen pickten nach allem, was sich bewegte. Hin und wieder versuchten sie ziemlich unbeholfen, sich gegenseitig zu füttern. Sie untersuchten emsig Gräser und Steine, wendeten Blätter und Erdkrumen. Immer noch aber ließen sie sich gerne von mir füttern. Sobald sie meinen Lockruf hörten, standen sie an der Volierentür parat.

Diese Volierentür hatte keine Schleuse, und ich mußte beim Öffnen sehr aufpassen, daß mir kein Vögelchen entwich. Eines Tages geschah es aber doch. Ausgerechnet der Dicke pfiff auf die Geborgenheit seiner Kinderstube und hatte nichts Eiligeres zu tun, als über meinen Kopf hinweg durch die noch nicht ganz geschlossene Volierentür das Weite zu suchen. Ich konnte gerade noch sehen, wie er zwei Häuser weiter über die Dächer davonflitzte.

Ich war wie vom Donner gerührt. Was würde aus dem Dicken werden? Er war noch nicht selbständig genug.

Es blieb mir nichts weiter übrig, als in die Richtung des Fluchtweges zu gehen und zu suchen. Lockend lief ich durch die Dorfstraßen. Da ich bei allen Jungvögeln, die ich großziehe, versuche, die Lockrufe der Eltern nachzuahmen, klapperte und schnalzte ich wie eine gute Rotschwänzchenmutter. Was wird wohl mancher Dorfbewohner damals gedacht haben, als ich, das Gesicht dem Himmel zugewandt, komische Laute von mir gebend durch die Straßen marschierte?

Nach einer halben Stunde gab ich meine Suchaktion traurig auf. Mein armer Dicker!

Am späten Nachmittag saß ich vor der Voliere und betrachtete die restlichen vier Ziehkinder, die auf der Erde emsig nach Nahrung suchten. Und da geschah etwas, das ich in die Reihe meiner schönsten Tiererlebnisse aufnehmen möchte. Über mir aus der Fichte kam plötzlich ein ziemlich forderndes Geklapper. Der Dicke! Der Dicke war wieder da. Ich brauchte dringend einen Mehlwurm, um den Ausreiser herunterzulocken.

Mein Spurt in das Haus war olympiareif. In Windeseile kam ich mit dem begehrten Leckerbissen zurück: „Komm, Dicker, komm runter, tek, tek, tek,tek, tek!" Und der Dicke kam, als sei es das Selbstverständlichste auf der Welt, zurück auf meine Hand geflattert. Fortan mußte er sich noch einige Tage mit dem Volierenleben begnügen.

Wenn man Tiere großzieht und für die Freiheit vorbereitet, folgt immer ein Abschied. Man wird bei Tag und Nacht von schlimmsten Gedanken und Vorstellungen geplagt. Was wird aus den Tieren werden? Würden sie das Leben in freier Natur meistern? Sie müssen ihre Zutraulichkeit dem Menschen gegenüber verlieren. Bis auf eine Ausnahme hatte ich diesbezüglich Glück mit all meinen Jungvögeln. Sie erkannten nur mich als Mutter und mieden alle fremden Menschen, die sich in unserem Garten oder in der Umgebung aufhielten. Die eine Ausnahme bildete eine Blaumeise. Nichts war vor ihr sicher. Vormittags gefiel es ihr, eine Etage höher bei unseren Mitbewohnern in der Frühstücksbutter herumzubohren. Nachmittags saß sie keß auf der dampfenden Pfeife unseres Nachbarn und schaute interessiert den blauen Rauchwölckchen nach. Überall wurde sie geliebt und gefüttert und es war unmöglich, aus ihr einen menschenfürchtenden Wildvogel zu machen. Ganz anders verhielt sich eine Blaumeise, die ich ein Jahr später großzog. Nach einer kurzen Ausgewöhnungszeit in der Voliere, durfte sie eines schönen Sommertages die Freiheit im Garten genießen. Sie ver-

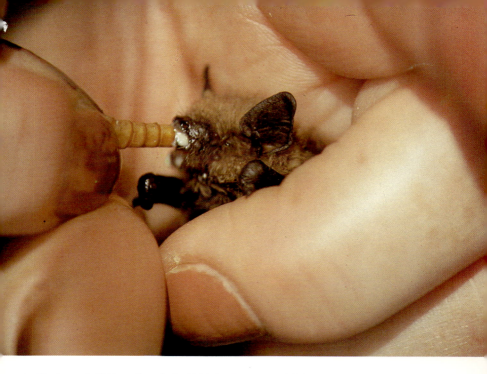

▲ Nossi saugt die Mehlwurminnereien in sich hinein / Foto: R. Handschuh

An „Blue Jeans" läßt es sich auch gut hängen / Foto: R. Handschuh ▼

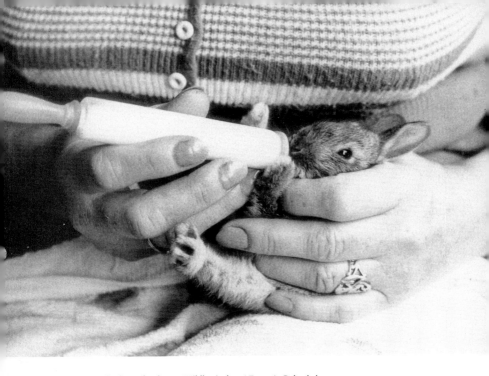

▲ Viel Mühe macht die Aufzucht von Wildkaninchen / Foto: A. Polaschek

Junge Amseln haben immer Hunger / Foto: A. Polaschek ▼

▲ Junger Turmfalke / Foto: Archiv

Hier wird er auf das Schlagen von Beute vorbereitet / Foto: A. Polaschek ▼

brachte den Vormittag damit, sämtliche Bäume und Sträucher zu erkunden. Ungefähr alle Stunde ging ich hinunter, lockte, und flugs holte sie einen Mehlwurm von meiner Hand. Gewitzt wie sie war, entdeckte sie schnell die Vogeltränke und nahm ein ausgiebiges Bad.
Am nächsten Vormittag ließ mein Meisenkind auf sich warten. Meine Stimmung sank auf den Nullpunkt. Immer wieder lief ich zum Fenster und lockte, rief.
Da – war da nicht ein bekanntes Stimmchen? Glockenhell und rein? Mein verlorengeglaubtes Meisenkind setzte sich dicht vor meinem Fenster auf einem Weidenast nieder. Doch – ich glaubte es kaum – der blaue Irrwisch war nicht allein gekommen. Dicht daneben saß plötzlich eine zweite Blaumeise. Jung noch, mit gelben Schnabelecken. ,,Dü, dü, dü, zip, zip, zip!"
Meine Kleine schwirrte an und schluckte schnell einen Mehlwurm, während die neue Freundin uns mit wachen Äuglein beobachtete. Im Laufe des Tages wiederholte sich dieses Spiel noch einige Male. Niemals aber kam die fremde Jungmeise in greifbare Nähe. Geduldig wartete sie, bis mein blauer Federball den gelben Wurm verschlungen hatte. Dann sausten sie los. Mal oben, mal unten drehten sie sich, wirbelten umeinander im fröhlichen Spiel.
Auch meine Rotschwänzchen genossen bald die Freiheit im Garten in vollen Zügen. Auf mein Locken hin, kamen sie aus Büschen und Bäumen angeflattert, um sich nebenher noch einen Leckerbissen zu holen. Bald dehnten sie ihre Ausflüge weiter aus und langsam verloren auch die Mehlwürmer und Grillen die Anziehungskraft. Die jungen Vögel hielten künftig auch von mir Abstand, betrachteten mich aber zuweilen interessiert, schienen in ihrem kleinen Gehirn noch einmal die Erinnerung an die Geborgenheit ihrer Kinderstube wachrufen.
Sonst aber hatte die freie Natur von ihnen Besitz ergriffen, und ich hoffte inbrünstig auf gutes Glück für ihren langen, gefahrvollen Weg nach dem Süden.

◀ Waldkäuze sind keine Seltenheit in der Pflegestation von Ingeborg Polaschek/Foto: R. Spänlein

Bonni

Drei Schäferhunde haben bisher unser Leben bereichert. Arras, Bonni und Canja.
Als Arras, unser erster Schäferhund, allzu früh in den Hundehimmel gerufen wurde, herrschte Traurigkeit in der ganzen Familie. Mein Mann hatte sich ins Bett verkrochen, die Kinder liefen mit verheulten Augen umher, und ich schluckte Beruhigungstabletten. Nachmittags hielt ich es einfach nicht mehr aus, holte den Wagen aus der Garage und fuhr, ohne den anderen etwas zu sagen, in das Tierheim.
Dort wimmelte es von ausgesetzten oder abgegebenen Hunden und Katzen. In den ganzen Jahren meiner Tierschutzarbeit habe ich es nicht einmal erlebt, daß dort genug Platz gewesen wäre. Immer wieder mußten, Bad, Toilette oder gar der Futterraum als Notquartier dienen.
Viele Blicke aus traurigen Hundeaugen begleiteten mich, als ich an den Zwingeranlagen entlang ging. Mein Gott, warum konnte ich diese armen Tiere nicht alle mitnehmen? Die Stimme einer Helferin riß mich aus meinen trüben Gedanken. Sie deutete auf einen schlaksigen, halbwüchsigen Schäferhund: ,,Dieser wurde vor zehn Wochen für ein paar Tage in Pflege gegeben. Der Besitzer hatte für eine Woche bezahlt. Wir versuchten, den Mann zu erreichen, mußten aber feststellen, daß er eine falsche Adresse angegeben hatte."
,,Das ist wohl die feinere Art, ein Tier loszuwerden", meinte ich bitter.
Inzwischen hatte sich Bonni — so hieß der junge Schäferhund — von seinem Lager erhoben und schnupperte durch das Gitter an meinem Rock.
,,Komm, komm her", sagte ich leise lockend.
Ich versuchte, Ähnlichkeiten mit Arras festzustellen und plötzlich waren die Tränen wieder da. Der Hund schaute unverwandt zu mir herauf. Er hatte helle Augen, viel zu hell für einen Schäferhund, doch der Kopf zeigte schon den edlen Zug des Deutschen Schäferhundes. Das Schönste war sein glatter Pelz. Goldhell, mit einer leicht rötlichen Tönung und auf dem Rücken die dunkelfarbige

Decke. Die lange Rute, noch dünn, ließ einen Ansatz zur buschigen Fahne erkennen. Mit Arras hatte Bonni überhaupt keine Ähnlichkeit. Arras war ein grauschwarzer Schäferhund mit dunkelbraunen Augen gewesen.
„Ich nehme ihn erst einmal probeweise mit, um zu sehen, ob er sich bei uns auch wohlfühlt", meinte ich schließlich.
Die Helferin holte Halsband und Leine. Sie kannte mich und wußte, daß Bonni das Tierheim nie mehr wiedersehen würde.
Ohne sich noch einmal umzublicken lief Bonni brav neben mir her zum Auto. Ganz selbstverständlich sprang er mit einem Satz auf den Rücksitz und schaute mich auffordernd an: Nun fahr schon los. Ich habe lange genug auf dich gewartet!
Ich tat ihm also den Gefallen und er schaute, wie mir schien, ziemlich vergnügt durch die Seitenscheiben.
Gespannt auf die überraschten Gesichter zu Hause, trat ich das Gaspedal durch und fuhr ziemlich rasant durch die Kurven. Nach der dritten Kurve passierte es. Ich hörte ein eigenartiges Geräusch hinter meinem Rücken und schaute kurz nach hinten.
„Bonni . . .!"
Und da umwehte mich auch schon ein wohl nur für Hundenasen angenehmer Duft von einer vorausgegangenen Hundemahlzeit. Sie befand sich aber nicht mehr in Bonnis Magen, sondern lag malerisch plaziert auf dem Rücksitz. Voll Dankbarkeit dachte ich an meinen Mann, der immer einen Berg alter Lappen im Wagen liegen hat und trat auf die Bremse. Bonni schaute mich verständnislos an, als ich ihn aus dem Wagen zerrte. Ist die schöne Fahrt schon vorbei?
„Ach Bonnilein, du kannst ja nichts dafür", sagte ich, „ich bin allein schuld mit meiner Raserei."
Die Reinigungsarbeit machte einige Mühe, aber der Rest der Fahrt – schön langsam – verlief ohne Zwischenfälle. Als ich den Wagen in die Grage fuhr, kam mir ein guter Gedanke. Ich ließ Bonni auf dem Rücksitz sitzen und ging nach oben. Mein Mann schlief noch, und von den Kindern war nichts zu sehen. Leise holte ich mir ein großes Blatt Briefpapier und beschrieb es mit folgenden Worten:
„Liebes neues Herrchen!
Ich bin ein armer Schäferhund und komme aus dem Tierheim. Noch niemals habe ich es gut gehabt. Und ich bin nicht einmal ein

Jahr alt. Bitte, hab' mich lieb!
Dein Bonni."
Dieses Briefchen heftete ich an die Windschutzscheibe. An jenem Tag weckte ich meinen Mann gern. Allerdings mußte ich eine List anwenden, um ihn in die Garage zu locken.
,,Stell dir vor", sagte ich, als ich ihn wachgerüttelt hatte, ,,ich habe an der rechten Autotür den Griff abgerissen als ich in die Garage fuhr."
,,Wie kann denn sowas nur passieren?" fragte mein Mann erstaunt. ,,Du fährst doch schon Jahr und Tag in die Garage!"
Ich spielte die Zerknirschte: ,,Ach es tut mir wirklich leid. Guck doch bitte mal selbst nach, ob es schlimm ist."
Und um seine Neugier noch etwas anzustacheln, fügte ich hinzu: ,,Ich glaube, das Garagentor hat auch etwas abbekommen, es schließt nicht mehr richtig."
Im Gegensatz zu vielen anderen Ehemännern, die Zeter und Mordio schreien, wenn ihr chromblitzender Liebling durch ein Kratzerchen verunziert wird, war mein Mann weit davon entfernt, mir Vorwürfe zu machen. Langsam verließ er das Bett und holte sich gemütlich eine Tasse aus dem Küchenschrank. Mein Gott, wollte er jetzt erst Kaffe trinken? Ich war nervös. Dachte an Bonni und sah im Geiste schon zerfetzte Autositze, angenagte Rückenlehnen. Die Kaffeetasse schien keinen Boden zu haben und endlos dehnte sich die Zeit, bis mein Mann schließlich zur Grage ging. Klopfenden Herzens stand ich am Küchenfenster. Würde alles gut gehen? Hatte ich nicht doch vielleicht übereilt gehandelt?
Die Antwort auf meine bange Frage ließ nicht lange auf sich warten. Mein Mann stand im Hof, hielt Bonni wie ein Baby im Arm und herzte und knuddelte ihn. Dann fingen beide an zu toben und endlich, endlich schallte wieder Hundegebell durch das Haus.
Bonni fühlte sich ganz als das, was er war in unserer Familie. Mittelpunkt! Er benahm sich, als sei er schon immer mit uns zusammen gewesen. Wir dachten noch oft an Arras an jenem Tag, doch unser Herz war schon etwas leichter, als wir am Abend mit Bonni Gassi gingen.
Später dann boten wir Bonni Arras ehemaligen Schlafplatz unter dem Küchentisch an. Er legte sich auch brav auf der Fellunterlage

nieder, doch durfte niemand von uns die Küche verlassen. Sofort lief er zur Tür und begann jämmerlich zu winseln. Wir versuchten, dieses klägliche Geräusch zu überhören und vertieften uns in die abendliche Bettlektüre. Bonni war damit absolut nicht einverstanden. Er verlieh seinem Winseln Nachdruck, indem er kräftig an der Küchentür kratzte. Wie lange würden das die Glassscheiben wohl aushalten? Sie hielten länger Stand als meine Nerven. Was nützt die ganze Konsequenz, wenn dabei die Wohnungseinrichtung zu Bruch geht? Bonni japste und jaulte in sämtlichen Tönen. Als ich die Küchentür öffnete, sprang er an mir hoch und begrüßte mich, als sei ich stundenlang weg gewesen. Der ganze Hundekörper war ein einziges Zittern. Ich tastete die Herzgegend ab und fühlte ein wildes Pochen und Klopfen. Bonni schien sich sehr zu fürchten. Hatte er Angst, seine neuen Freunde, seine „Meute" wieder zu verlieren? Es blieb nichts anderes übrig, als das verängstigte Tier mit ins Schlafzimmer zu nehmen.

Mein Mann sagte kein Wort des Vorwurfes, und ich bin ihm heute noch dankbar dafür.

Bonni legte sich vor meinem Bett nieder und wurde langsam ruhiger. Ich streichelte das verängstigte Tier und machte mir Gedanken darüber, was wohl die Ursache für seine Unruhe sein mochte. Wer weiß schon, was diese armen Tiere, diese Wegwerfware, oder wie man sie auch nennen möchte, schon alles erlebt haben, bevor sie in das Tierheim kamen?

Die nächsten Tage brachten Licht in das Dunkel. Bonni wollte einfach nicht allein sein. Er war nur ruhig, wenn jemand von unserer Familie zugegen war. Im Vergleich zu unserem nervenstarken, wohlerzogenen Arras war er eine Nervensäge. Die folgenden Wochen stellten hohe Anforderungen an unser seelisches Gleichgewicht. Irgendeiner mußte immer zu Hause bleiben, damit Bonni nicht durchdrehte. Zu allem Übel entpuppte er sich auch noch als Angstbeißer. Niemand durfte mir die Hand geben. Bonni klemmte die Rute ein vor Angst, biß aber sofort zu. Langsam aber schien er zu begreifen, daß er nun ein neues Heim gefunden hatte, aus dem ihn niemand mehr vertreiben wollte. Endlich konnte ich wieder alleine in den Keller, in das Bad oder durch das Treppenhaus gehen. Anfangs war dies unmöglich. Bonni lief immer mit. Seine größte

Leistung vollbrachte er, als er versuchte, sich auf meinen Rücken zu setzen, während ich die Treppe putzte. Trotz dieser nervenaufreibenden Wochen, wäre es niemandem von uns in den Sinn gekommen, Bonni wieder zurück in das Tierheim zu bringen.
Nun blieb es aber nicht aus, daß wir Bonni auch einmal etwas länger alleine lassen mußten.
Wir beschlossen eine Probe zu machen. Unser Sohn hatte die geniale Idee, für die Zeit während unserer Abwesenheit das Tonbandgerät auf Aufnahme zu stellen. Später konnten wir dann abhören, was Bonni in dieser Zeit getan hatte. Erstaunlicherweise hatte er nichts getan. Ein kleines, fast unhörbares Winseln nur, sonst eine Stunde lang Stille auf dem Band. Wir waren froh. Mit viel Geduld und Liebe schienen wir aus dem verstörten Bonni einen gut erzogenen, uns vertrauenden Hund gemacht zu haben.
Dachten wir! Bonni dachte da ganz anders!
An einem Morgen nämlich, als wir alle außer Haus waren, traf ich unsere Mieterin in der Stadt: ,,Um Gottes Willen," rief sie aufgeregt, ,,fahren Sie schnell nach Hause. Der Bonni scheint irgend etwas anzustellen. In Ihrer Wohnung ist ein Lärmen und Krachen, als ob alles zu Bruch ginge!"
Ich rannte zum Parkplatz und gab meinem alten Opel Zunder. Aus List und Tücke standen alle Verkehrsampeln auf Rot. So ist es ja meist, wenn man in Eile ist. Autofahrer, die Zeit haben, geraten garantiert immer nur in grüne Wellen. Zu allem Übel rasselte auch noch kurz vor meiner Nase die Bahnschranke nach unten. Ein Güterzug mit dreiundzwanzig Wagen stahl mir fünf kostbare Minuten.
Kurze Zeit später empfing mich das Treppenhaus mit trügerischer Stille. Bonni begrüßte mich nicht, als ich die Wohnungstür öffnete. Verdächtig!
,,Bonni, Bonnilein, wo bist du!"
Hoppla, bald wäre ich der Länge lang in den Flur gestürzt. In der Eile hatte ich nicht bemerkt, daß der Vorhang der Eingangstür fehlte. Dieser lag auf dem Boden, beschwert von einem Teil der Flurgarderobe. Wieviel Kräfte mußte Bonni entwickelt haben, um einen Teil der schweren Garderobe aus der Wandbefestigung zu reißen! Wo aber war der Verursacher allen Übels? Ich fand ihn im

Schlafzimmer. Er lag im Bett, schaute mich schweifwedelnd an und schien mächtig stolz zu sein auf das, was er während unserer Abwesenheit „gearbeitet" hatte.
„O Bonni!"
Mit schiefgelegtem Kopf schaute der Rüde zu mir auf, tappte mit spielender Pranke nach einem der Wäschestücke die überall im Bett herumlagen. Woher hatte er sie, und wo kamen all die Salzstangen her, die dem heillosen Durcheinander auf der vorher so wohlgeordneten Schlafstätte die Krone aufsetzten? Es waren keine Salzstangen. Bonni hatte den Wäschekorb aus Peddigrohr erwischt und das ganze Rohrgeflecht in kleine Teile zerbissen.
Die Ecke eines Kopfkissens war noch feucht und sah ziemlich zerknautscht aus. Auch hier hatte Bonni seine Zähne eingesetzt, und ich war froh, daß ich noch früh genug nach Hause gekommen war. Sicher hatte ich dadurch ein fröhliches Frau-Holle-Spielen verhindert.
Während ich mich ans Aufräumen machte, hielt ich dem Rüden eine Strafpredigt. Offenbar nicht vorwurfsvoll und eindringlich genug, denn Bonni zeigte weder Reue noch Zerknirschung. Er wedelte, versuchte mit einem Hopser mich anzuspringen und forderte mich zum Spielen auf.
„Nein, mein lieber Hund, ein bißchen Ordnung mußt du schon lernen und hören mußt du auch!"
Die Zukunft zeigte, daß sich Bonni meine wohlgemeinten Worte nicht zu Herzen genommen hatte.
Einmal fand ich ihn auf dem Küchentisch stehend, mitten zwischen zerquetschten Bananen und ausgestreutem Kakaopulver. Dann wieder hatte er während unserer Abwesenheit den Mülleimer ausgeräumt. Eine ganz bestimmte Wendung in Bonnis Hundeleben brachte jener Tag, an dem er unseren einstmals schönen Flur in eine Baugrube verwandelte. Leichter Mörtelgeruch umwehte uns, als wir nach einer kurzen Einkaufsfahrt nach Hause kamen. Die schwarzen Steinstufen im Treppenhaus hatten ihren Glanz verloren und lagen grau, bedeckt mit einer dünnen Staubschicht vor uns. Unsere Wohnungstür ließ sich gerade noch so weit öffnen, daß wir uns mit Mühe hindurchzwängen konnten.
„Bonni, was hast du denn jetzt schon wieder angestellt?" rief ich

verzweifelt aus. Mein Mann sagte überhaupt nichts und das war ein schlimmes Zeichen in diesem Moment. Einen Augenblick stand ich starr. Das durfte einfach nicht wahr sein! Unsere schöne bunte Blumentapete hing in Fetzen von den Wänden herab. Zersplitterte Holzbohlen und Mörtelstücke fanden wir dort, wo früher ein glatter Belag den Fußboden bedeckte. In der Nähe des Lichtschalters hatte Bonni über eine Fläche von etwa einem Quadratmeter den Mörtel von der Wand gekratzt. Wir blickten sprachlos auf die grauen Hohlblocksteine. Mein Mann fand als erster die Fassung wieder: „Jetzt reicht's aber!" rief er und würdigte den freundlich wedelnden Hund keines Blickes.
Ich war verzweifelt. Schließlich hatte ich den Rüden ins Haus gebracht, und von mir würde nun auch eine Entscheidung verlangt werden.
Ich zermarterte mir den Kopf. Was fehlte dem Rüden nur? Bonni hatte alle Liebe, bestes Futter und Auslauf im Garten, so viel er wollte. Außerdem gingen wir noch viermal am Tag mit ihm Gassi. Was blieb zu tun? Trennen von dem Hund kam auf keinen Fall in Frage. Beruhigungspillen, wenn wir ihn einmal alleine lassen mußten? Auf die Dauer gesehen auch keine Lösung. Der rettende Vorschlag kam schließlich von unserem Tierarzt. Wir sollten Bonni kastrieren lassen, meinte er. Übernervöse und verdrehte Hunde würden dadurch oftmals ruhiger. Die einzige Möglichkeit? Die einzige! Wir machten uns mit dem Gedanken an eine Kastration vertraut, doch am Tage des unangenehmen Eingriffes liefen wir mit sauertöpfigen Gesichtern umher.
„Lieber würde ich mir einen Zahn ziehen lassen, als mit Bonni dorthin zu fahren", sagte ich frühmorgens zu meinem Mann.
„Es hilft alles nichts, es muß sein", meinte er resigniert, „wir wollen uns doch nicht von dem Hund trennen." Am Nachmittag packten wir eine große Decke ins Auto, um Bonni nach dem Eingriff besser herausheben zu können.
„Komm, Gassi fahren!" rief mein Mann und Bonni sprang ohne Argwohn und voller Freude in den Wagen.
Wenn er gewußt hätte . . . !
Völlig unbedarft und nichts Böses ahnend lief er mit uns in das Wartezimmer. Es waren keine anderen Patienten da. Eine alte Couch an

▲ Junger Hausrotschwanz / Foto: Autorin

Nur 70 Gramm wiegt dieses kleine Igelbaby / Foto: Autorin ▼

▲ Dem kranken, von Innenparasiten befallenen Großen Brachvogel geht es hier schon wieder besser
Foto: A. Polaschek

Für ein Schmusestündchen mit Dunja und Canja hat Herrchen immer Zeit / Foto: Autorin ▼

der Wand fand Bonnis ganzes Interesse. Ihr schienen liebliche, für eine Hundenase ungemein anziehende Düfte zu entströmen. Bonni schnupperte und prustete auf dem alten Polster herum, und er ließ sich auch durch das Eintreten des Arztes nicht stören. Es mußte eine tolle Hundedame gewesen sein, die ihre Duftmarke auf der Couch hinterlassen hatte, denn Bonni lief, immer noch völlig verklärt und abwesend, ohne sich zu widersetzen mit dem Onkel Doktor in das Behandlungszimmer. Wir kannten unseren Hund nicht wieder. Selbst das Wiegen und die Beruhigungsspritze ließ Bonni über sich ergehen, ohne einen Laut von sich zu geben.
Schließlich lag er hechelnd, mit halb geschlossenen Augen in einer Ecke, und wir durften uns empfehlen.
„Was sagst du denn zu unserem Hund?" fragte ich meinen Mann erstaunt.
„Da siehst du mal wieder, was ein weibliches Wesen aus einem Mann machen kann", antwortete er lachend.
Wir hatten eine gute Stunde Zeit bis wir Bonni wieder abholen sollten.
„Was machen wir so lange?" wollte mein Mann wissen.
„Einkaufen", antwortete ich, „einkaufen lenkt mich ab."
„Wenn dir mit fünf Mark gedient ist . . ."
Ich war ziemlich enttäuscht: „Hast du wirklich nur fünf Mark dabei?"
„Sicher."
„Egal wir fahren los", sagte ich entschlossen. Ich hatte keine Lust, während der ganzen Zeit vor dem Haus des Tierarztes zu warten und mich trüben Gedanken hinzugeben. Wir fuhren in die Stadtmitte und in dem Gewühl des Kaufhauses versuchten wir, unseren Großeinkauf zu tätigen.
Es war gar nicht so einfach, fünf Mark loszuwerden. Sämtliche Dinge, die uns schön oder nützlich düngten, kosteten an jenem Tag fünf Mark fünfundneunzig.
Schließlich erstanden wir — wie konnte es auch anders sein — eine Tafel Hundeschokolade und Hundekuchen für Bonni.
Später dann, vor dem Haus des Arztes, war uns wieder sehr beklommen zu Mute. Der Geruch nach Desinfektionsmitteln nahm mir im Wartezimmer fast den Atem. Mein Mann lief ruhelos hin

und her, in der Hand eine Beruhigungszigarette. Hoffentlich, dachte ich, hoffentlich wird Bonni nach dieser Operation ruhiger. Und wenn nicht . . .? Nur nicht weiterdenken!
Bonni hatte den Eingriff gut überstanden, lag aber noch in tiefem Schlaf, als wir ihn für die kurze Fahrt nach Hause in den Kofferraum legten. Einige Stunden würde der Rüde noch schlafen, hatte der Tierarzt gesagt, aber ein ruhiger Raum für ihn wäre schon gut, da er trotz seines Tiefschlafes sehr geräuschempfindlich sei.
Unterwegs überlegten wir. Welcher war wohl der ruhigste Raum in unserem Haus? Im Wohnzimmer hielt sich eigentlich immer jemand auf. In der Küche klapperte das Geschirr oder sonstwas und im Arbeitszimmer klingelte laufend das Telefon. Es blieb also wieder — wir hatten damals noch keine Tierzimmer — nur das Schlafzimmer.
Wir legten unseren Hund vorsichtig auf die Bettumrandung, die wir mit einer alten Decke gegen Flecken geschützt hatten. Bonni zeigte keine Reaktion, als ich — was nicht sehr leise möglich war — den Rolladen etwas herunterließ. Ein angenehmes Halbdunkel herrschte nun im Zimmer.
,,Schlaf dich gesund, Bonnilein", flüsterte mein Mann, und wir gingen leise hinaus.
Nach einer halben Stunde hatte ich keine Ruhe mehr. Vorsichtig öffnete ich die Schlafzimmertür ein kleines Stückchen. Das — das war doch nicht möglich . . .!
,,Bonni", flüsterte ich erschrocken, ,,Bonni!"
,,Was ist denn los?" fragte mein Mann, der dicht hinter mir stand.
,,Der Hund, der Hund ist weg!" rief ich leise.
,,Waaas?"
Mein Mann stürzte an mir vorbei ins Zimmer.
Bonni war nicht weg. Er lag am Fußende meines Bettes. Nicht etwa auf dem Boden. Nein, im Bett lag er, und der Himmel weiß wie es dem narkotisierten Hund gelungen war, dort hinzukommen. Als wir ihn leise ansprachen, zeigte er immer noch keine Regung. Es vergingen fast noch drei Stunden, bis Bonni versuchte, sich aufzurichten.
Schwer waren seine Augenlider, hoben sich kaum. Der Kopf wackelte hin und her. Sicher drehte sich das Zimmer um unseren armen

Hund, doch trotzdem machte er den Versuch, seine Wunde zu lekken. Ich beugte mich nahe zu ihm: ,,Bonni, mein lieber Bonni." Eine heiße Hundenase streckte sich empor, nahm Witterung. Dann ein fast unmerkliches Klopfen mit der Rute. Bonni hatte mich erkannt.
,,Es wird schon wieder werden, mein Junge."
Zärtlich streichelte ich das hilflose Tier, benetzte seinen Fang mit einigen Tropfen frischen Wassers. Dankbar leckte der Rüde meine Hand.
Es war gegen Mitternacht, als Bonni unruhig wurde und versuchte, vom Bett zu springen.
Mit seinen klugen Augen blickte er uns an.
,,Wollt ihr mir denn nicht helfen? Ich muß doch mal!" Gemeinsam hoben wir Bonni vom Bett auf den Boden. Mit wackligen Schritten lief er die paar Schritte bis zur Treppe. Halb rutschend, halb tragend schafften wir mit ihm den Weg hinunter zum Hof. Doch damit nicht genug. Bonni wußte, daß er dort sein Geschäft nicht verrichten durfte und als wohlerzogener Hund versuchte er, den Feldweg am Ende unserer Straße zu erreichen. Ein in Feldsteine und Bauschutt gebettetes Graspolster fand sein Interesse und wurde ausgiebig benässt.
Obwohl wacklig, schien Bonni das Gassigehen schon wieder zu genießen. Er steckte seine Nase in Mauselöcher und zog prustend und schnaufend die Luft ein. Als auf dem Nachhauseweg des Nachbarn schwarzer Kater unseren Weg kreuzte, war unser Hund wieder ganz der alte. Mit einem Ruck zog er mir die Leine aus der Hand.
,,Paß auf!" rief mein Mann erschrocken. ,,Halt' fest!" Bevor ich reagieren konnte, machte Bonni drei große Sätze und stand bellend vor dem grünen Lattenzaun, durch den der Kater verschwunden war.
,,Na, Dicker, das hätten wir ja gut überstanden", sagte ich erleichtert und meinte damit die Operation und auch die erfolglose Katerjagd.
Bonnis Genesung machte im Laufe der nächsten Tage gute Fortschritte. Schnell schloß sich die Wunde, und der Rüde wurde wirklich ruhiger, wie es der Tierarzt vorausgesagt hatte. Sein Körper verlor das schmale, rehartige Aussehen, wurde fester und kräftiger.

Künftig blieben auch unsere Möbel verschont, und wir konnten den Hund ohne Bedenken einige Stunden alleine lassen.
Bonnis größte Wonne waren Feldspaziergänge. Er liebte es besonders, wenn Alexander mit dem Mofa vornweg fuhr und er versuchen durfte, das knatternde Gefährt einzuholen. Wenn wir doch damals nur geahnt hätten, daß dieses Spiel Bonni zum Verhängnis werden würde.
Ein knappes Jahr lang nur durften wir uns an Bonnis Lebenslust, an seiner Anhänglichkeit erfreuen.
Der letzte Tag in seinem kurzen Leben begann mit strahlendem Sonnenschein. Ich nahm das Halsband vom Haken und streifte es dem Hund über die Ohren, um einen Spaziergang durch das Feld zu machen. In der Nacht hatte es geregnet, und Bonni planschte mit allen Anzeichen der Wonne durch die Pfützen, die noch auf den Feldwegen standen. Ein kleiner Hügel, bewachsen mit Schlehdorn und Brombeerhecken war mein Ziel. Von hier oben hatte man einen herrlichen Ausblick auf die Stadt mit ihren alten Mauern und Türmen. Ich saß auf einem Baumstumpf und genoß den Duft nach dampfender Erde und feuchtem Laub. Bonni indes vergnügte sich mit seinem geliebten Mäusegraben. Seine Vorderläufe griffen tief in das Erdreich, schleuderten die braunen Krumen zwischen den Hinterläufen hindurch. Plötzlich verhielt der Hund, warf den Kopf auf und äugte angestrengt auf die weiter unten verlaufende Bundesstraße. Eine Katze? Ehe ich etwas entdecken konnte, raste Bonni wie der Blitz den steilen Abhang hinunter. Ich rief, schrie: „Bonni, Bonni, komm zurück!"
Unbeirrt lief der Rüde weiter. Mein Gott, er lief ja zur Bundesstraße!
Dort rasten Autos mit hoher Geschwindigkeit, aber dicht am Straßenrand fuhr langsam und laut knatternd ein kleines rotes Mofa. Der gleiche Ton, die gleiche Farbe wie Alexanders Mofa!
Bonni sah nicht die Gefahr, in die er hineinrannte. Er wollte Fangen spielen und ich konnte nichts dagegen tun. Machtlos stand ich auf dem Hügel, ahnte, wußte was kommen würde. Entsetzen lähmte mich, als Bonni hinter dem Mofa herlief, bemerkte, daß dort nicht Alexander im Sattel saß und dann die Bundesstraße überquerte, um zu mir zuückzukommen. Ich vernahm das Reifenrauschen eines

schnell heranjagenden Wagens, vernahm das Kreischen seiner Bremsen und dann – ein Aufprall – und ich lief, rannte fort vor diesem grausigen Geschehen. Fand mich wieder in einem Maisfeld, wußte nicht, wie ich dort hingekommen war. Bonni! Lieber Bonni! Ich mußte zu meinem Hund. Was tat ich nur hier oben? Mein Hund brauchte mich doch!
Der Weg bis zur Straße schien endlos. Auf einer Wiese am Rande stand ein graues Fahrzeug. Männer gestikulierten, begutachteten den Schaden.
„Gehört ihnen der Hund?" fragte einer ziemlich barsch und deutete auf Bonni, der versuchte, auf drei Läufen zu mir zu kommen.
„Mit dem ist es aus," meinte der Fahrer des Unfallwagens, „der ganze Darminhalt ist an mein Auto gespritzt." Ich nahm Bonni in die Arme, nannte meine Adresse und die der Versicherung. Und dann saß ich da. Allein mit einem sterbenden Hund. Warum – warum in aller Welt wurde uns Bonni so früh genommen? Vielleicht war der Rüde noch zu retten? Ich brauchte Hilfe! Schnell! Die Benommenheit wich, und ich entdeckte zwei kleine Buben, die im Feld spielten. Vielleicht würden sie bei Bonni Wache halten, während ich zu Hause den Wagen holte. Bonnis Augen schauten groß und merkwürdig zu mir auf. Es war etwas in ihnen, das ich bisher noch nicht gesehen hatte. Sie schienen durch mich hindurchzusehen, weit, in unendliche Ferne. Nein, ich durfte den Hund jetzt nicht alleine lassen. Ich mußte bei ihm sein, wenn er starb. Meine Hände verkrampften sich in der dichten Mähne und – ich glaubte es kaum – durch meine tränenverhangenen Augen sah ich plötzlich Alexander vor mir stehen. Es schien mir als glückliche Fügung, daß er nur zwei Stunden Unterricht in der Schule gehabt hatte und dann, als er uns zu Hause nicht vorfand, die Feldwege abfuhr, um uns zu suchen.
Alexander kniete bei Bonni nieder. Er sprach leise auf den Rüden ein, und ich setzte mich auf das Mofa und fuhr nach Hause, um den Wagen zu holen. Ich zwang mich, langsam zu fahren, damit nicht noch ein Unglück passierte.
Vorbei war der schöne Tag. Die Sonne schien, doch ich nahm sie nicht mehr wahr. Mir war elend und eine tiefe Trauer nahm von mir Besitz, als ich mit dem Wagen den Weg zurückfuhr.

Bonni lag reglos. Nur die Flanken hoben und senkten sich in schneller Folge. Er schien keine Schmerzen zu spüren, als wir ihn auf den Rücksitz hoben. Eine vage Hoffnung stieg in mir auf. Sollte der Rüde doch zu retten sein? Der Tierarzt nahm mir diese Hoffnung. Bonni hatte schwere, unheilbare Verletzungen davongetragen und mußte eingeschläfert werden. Ein unwiederbringliches Stück Leben ging von uns. Der Abschied von unserem Tierbruder tat weh, und eine traurige Familie schwor sich an jenem Abend: Nie mehr wieder einen Hund.
Der Schwur wurde alsbald gebrochen.

Nosferatu

Der 11. Juli war ein schöner Tag gewesen, und wir genossen das Gassigehen mit unseren Hunden in der Abenddämmerung. Als wir nach Hause zurückkamen, stand vor dem Hoftor ein Fahrzeug der Amerikanischen Militärpolizei. Ein MP-Mann stieg aus, in der Hand einen kleinen Karton. Kleine oder große Kartons bedeuten für uns immer Arbeit.
Mein Mann stöhnte: „Schon wieder ein Vogel."
Wir hatten derer schon fünfzehn, die alle irgendwo aufgelesen worden waren. Vier Rauchschwalben, die das Nest in dem sie wohnten wegen des Stallabbruches verlassen mußten. Vier Mehlschwalben, völlig unterernährt durch eine lange Regenperiode. Eine Bachstelze, vier Hausrotschwänzchen und zwei Mauersegler vollendeten den Vogelreigen. Alles Jungvögel, die noch gefüttert werden mußten.
„Auf einen mehr oder weniger kommt es jetzt auch nicht mehr an," meinte ich und lief hinter dem Amerikaner her, der schon auf unser Haus zuging.
„Hallo, sind Sie die Tier-Frau?" fragte mich der Kartonträger, „ich habe hier eine schwarze Tier for you." „O, thank you", strahlte ich freundlich mit einiger Mühe. Schließlich muß man freundlich sein, auch wenn man angegriffen und müde ist. Eine Ersatzmutter hat nicht abgespannt und müde zu sein.
„Sicher wieder ein Mauersegler", meinte mein Mann, der dazugekommen war und den Ausspruch „schwarze Tier" gehört hatte. Behutsam öffnete ich den Karton. In der Ecke saß etwas, nicht größer als ein Zweimarkstück.
„Hm", machte mein Mann, und noch einmal „hm".
Ich sagte nur „ach", und der Amerikaner erklärte: „Wir haben diese Tier in Kaserne gefunden und gebracht mit MP-Auto schnell hierher."
Ich nickte.
„Es ist hungry, es muß essen", rollte der Amerikaner.
„Essen, ja", sagte ich, wobei ich nicht ganz sicher war, was es essen würde.

„Okee, geht alles in Ordnung!" rief ich aber zuversichtlich, und der Amerikaner verließ uns zufrieden.
Schließlich und endlich durfte er mit sich zufrieden sein, hatte er doch für ein kleines, zweimarkstückgroßes Tier eine Fahrt von über dreißig Kilometern zurückgelegt.
Nun, dieses zweimarkstückgroße Tier war eine Fledermaus.
„Was willst du denn füttern?" fragte mein Mann.
„Ich richte mich nach der Natur," antwortete ich und ging zielstrebig zum Bücherschrank.
Dort fand ich Lektüre über alles und jedes. Vom amerikanischen Wasserbüffel bis zum Nashornvogel. Über Fledermäuse fand ich nichts. Ich wühlte und räumte und blätterte. Es war mir klar, daß ich irgendwo etwas über Fledermäuse finden würde. Aber wo?
„Du solltest deine Bücher besser ordnen", sagte mein Mann, nachdem er eine Zeitlang meinem Geräume zugeschaut hatte. Ich warf ihm einen Blick zu, der ihn zu der weisen Einsicht gelangen ließ, zwecks Erhaltung des ehelichen Friedens den Mund zu halten.
Ich war nervös. Wußte nicht, wie lange dieses Tier keine Nahrung mehr zu sich genommen hatte. Eile tat im Falle dieser kleinen Fledermaus bestimmt Not.
Ich ließ das Suchen erst einmal sein. Sicher, so dachte ich, würden Nachtfalter auf der Speisekarte von Fledermäusen zu finden sein. Vielleicht würden sie auch eine Grillenmahlzeit nicht verschmähen. Ich nahm das schwarze Etwas aus dem Karton und spürte keine Wärme in meiner Hand. Kalt und klamm war der kleine Körper, und doch weich und zart durch das feine, seidig glänzende Fell. Mit der Pinzette versuchte ich, eine Grille in das kleine Mäulchen der Fledermaus zu stecken. Sie ließ es sich gefallen, doch schwupp – so schnell wie die Grille drinnen war, spuckte sie sie auch wieder aus. Langsam trieb mir diese Arbeit den Schweiß auf die Stirn. Nach etlichen erneuten Anläufen meinerseits und stetem Ausspucken ihrerseits fiel mir etwas auf. Das Tier hatte überhaupt noch keine Zähne.
„Hans", rief ich aufgeregt nach meinem Mann, „Hans, die Fledermaus hat ja noch gar keine Zähne!"
„Und jetzt...?" fragte mein Mann und betrachtete ratlos unseren neuen Pflegling.

„Tja, was jetzt."
Guter Rat war teuer. Aber wie so oft im Leben, kam der Zufall zu Hilfe. Bei einem erneuten Fütterungsversuch hatte ich eine Grille, die mir für das Mäulchen des Winzlings zu groß erschien, in Stücke zerteilt. Das weiße, flüssige Sekret aus dem Inneren des Grillenleibes benetzte die Zunge unserer Fledermaus und siehe da – sie fing an, gierig zu lecken.
Sie verspeiste noch schmatzend das Innere von sieben geköpften Mehlwürmern und ich konnte sicher sein, fürs erste einen riesenhaften Fledermaushunger gestillt zu haben.
Als Unterkunft diente ihr künftig ein kleines Holzkistchen, dessen Oberseite nur zur Hälfte geschlossen war. Die andere Hälfte, versehen mit dünnem Draht, sorgte für frische Luft. Ein angenehmes Halbdunkel herrschte innen und unser neues Sorgenkind schien sehr zufrieden mit dem neuen Heim, denn es hängte sich – wie es sich schließlich für eine Fledermaus geziemt – kopfunter mit den Hinterfüßen an der rauhen Holzwand auf.
„Eine Fledermaus ist ein Nachttier", sagte ich später mit einem tiefen Seufzer zu meinem Mann.
„Um ein Uhr mußt du sie nochmal füttern", rechnete er, „und um drei Uhr. Um fünf sind dann wieder die Jungvögel dran."
„Da hilft nur die Spätsendung im Fernsehen, sonst habe ich eine dreigeteilte Nacht."
Wir hatten Glück. Ein spannender Spionagefilm hielt uns wach bis weit nach Mitternacht.
Unsere Kleine hing noch brav an ihrem Platz. Sie hatte sich festgekrallt und gab, als ich sie abnehmen wollte, unmutig zischende Geräusche von sich. Hatte sie noch keinen Hunger? Ich wurde schnell eines besseren belehrt. Diesmal schaffte sie zehn Mehlwurm- und sechs Grilleninnereien.
„Ich finde, die Fledermaus sieht süß aus", sagte ich zu meinem Mann.
„Irgendwie erinnert sie mich an Dunja", entgegnete er, und er meinte damit unsere Rottweilerhündin.
„Ja", lachte ich, „sie ist genau so schwarz, hat auch eine stumpfe Schnauze und ist genau so verfressen."
Unser Nimmersatt krabbelte inzwischen munter auf meinem

Schoß herum. Die Flughaut eng an den Körper gelegt, bewegte sich die Fledermaus mit ihren hakenförmigen Vorderfüßchen emsig vorwärts. Irgend etwas schien sie zu suchen. Plötzlich blieb sie rukkartig sitzen, hob das kleine, spitz auslaufende Hinterteil und ließ zwei winzige Tröpfchen auf die bunten Blumen meines Morgenrockes fallen. Danach folgte noch ein dunkles, einem Mäuseknüddelchen nicht unähnliches Gebilde. Ich betrachtete es mit Entzükken. Jede gute Mutter freut sich, wenn der Stuhlgang ihres Babys in Ordnung ist.

„Du bist bestimmt die erste Frau auf der Welt mit einem fledermausbepinkelten Morgenrock", sagte mein Mann!

Einige Nächte später machte ich eine erfreuliche Entdeckung. Unser Pflegling bekam Zähnchen. Rechts und links schauten aus dem rosafarbenen Oberkiefer die ersten Eckzähnchen hervor. Diese Tatsache und das Aussehen unserer Fledermaus, brachten ihr den treffenden Namen „Nosferatu" ein. Liebevoll abgekürzt, wurde Nosferatu künftig „Nossi" genannt.

Nossi gedieh prächtig. Das Gebiß vervollständigte sich, und Nossi war in der Lage, selbst Futter zu sich zu nehmen. Für mich bedeutete das, eine ungeteilte Nachtruhe und Erholung meiner fledermausgestreßten Nerven. Mittlerweile hatte ich mich informiert. Nossi gehörte zu der Fledermausfamilie „Glattnasen" und war eine Zwergfledermaus. Diese sind erst nach fünfundvierzig Tagen flugfähig. Ob Vogel oder Fledermaus, alle Tiere werden in unserem Hause liebevoll großgezogen und – was nicht immer leicht ist – auf ein Leben in der Freiheit vorbereitet.

Nossi mußte nun, da sie bald den Kinderschuhen entwachsen war, in eine Voliere umquartiert werden. Wenn sie auch noch nicht flog, sollte sie doch schon die würzige Nachtluft genießen, die Freiheit schnuppern können. Wir suchten für Nossi eine Meisennisthöhle aus. Durch Nistkastenkontrollen im Wald wußten wir, daß Fledermäuse diese Unterkünfte bevorzugt bewohnen.

Inzwischen hatte ein Reporter gebeten, von Nossi ein paar Bilder für die Tageszeitung machen zu dürfen. Wir verabredeten uns an einem sonnigen Vormittag.

„Hallo, wie geht es denn dem Flattermädchen? Lebt sie noch?" begrüßte er mich.

„Gott sei Dank, sie ist wohlauf und freut sich schon auf das Starfoto für die Zeitung."
Nossi freute sich gar nicht. Sie zeigte sich sehr ungehalten und zeterte heftig, als ich sie aus ihrem Kasten herausholte. Zwei schwarze Perlenäuglein guckten mich giftig an. Wie kannst du mich nur am hellen Tag wecken? Das ist wirklich unfair.
„Ach, die ist aber klein!" rief der Reporter überrascht, „da müßte ich ja ganz nah' mit der Kamera rangehen. Hm, nicht so einfach!"
Das Licht in der Voliere reichte nicht aus für eine gute Aufnahme. Also blieb für mich nichts weiter übrig, als mit Nossi auf der Hand in einen sonnigen Gartenteil zu marschieren.
Starfotos mit Hindernissen. Die drei ersten Aufnahmen mit der Sofortbildkamera mißlangen. Auch der Wind hatte mit uns kein Mitleid. Laufend schob er dunkle Wolken vor die Sonne. Nossi zeigte sich geduldig, hielt sich gut fest an meiner Handfläche. Das Drehen und Wenden meiner Hand und das große schwarze Ding, das dauernd auf sie zukam, schien sie nicht zu stören.
„So, noch eine Aufnahme", sagte der Reporter zufrieden, nachdem er zwei einigermaßen brauchbare Bilder zustande gebracht hatte.
„Die Hand noch etwas höher bitte, so, ja, Achtung!"
„Klick" machte der Auslöser — und Nossi flatterte geräuschlos in die goldene Freiheit. Der Schreck fuhr mir durch die Glieder.
„Nossi!" rief ich verzweifelt, „Nossiii!"
Sie hörte nicht. Umflog mit elegantem Bogen unseren alten Zwetschgenbaum. In meiner Aufregung raste ich mit hocherhobenen Händen hinterdrein. Platsch! Einer meiner Füße landete in der Vogeltränke und zu allem Unglück fingen auch noch die Hunde aus vollem Hals zu bellen an. Sicher eine Katastrophe für die geräuschempfindlichen Ohren einer Fledermaus. Hilflos stand ich mitten im Erdbeerbeet. Die einzige, die die Nerven behalten hatte, war Nossi. Nach einer weiteren eleganten Runde, kam sie auf mich zugeflattert und landete wie selbstverständlich an meiner immer noch hocherhobenen Handfläche. Der Reporter hatte während der ganzen Zeit keinen Ton hervorgebracht und stand auch jetzt noch da, wie vom Donner gerührt. Er schien genauso sprachlos wie ich. Das durfte doch nicht wahr sein!

Nossi war zu mir zurückgekehrt. Sicherlich nicht aus Anhänglichkeit. Ich hätte es mir zwar gern eingebildet, aber bei aller Mutterliebe mußte ich eingestehen, daß meine Handfläche für Nossi der einzige bekannte Punkt in der bunten, neuen Welt gewesen war.
Trotzdem fand ich es rührend, und der Reporter nahm dieses Ereignis als Anlaß, in der Tageszeitung folgenden Text zu veröffentlichen:
,,Ein ungewöhlicher Gast in der Tierpension ,Eula'. Ingeborg Polaschek pflegt zur Zeit eine winzige Fledermaus mit dem Namen ,Draculinchen', die am Montag ihren ersten Rundflug machte, aber brav zur Vogelmutter zurückkehrte."
Warum der Zeitungsmann aus meiner Nossi ein Draculinchen gemacht hatte, wußte ich nicht. Sicher schien ihm der Name für meinen kleinen schwarzen Winzling passender.
Nossis 45 Kindertage näherten sich dem Ende zu. Für uns bedeutete dies, wieder einmal Abschied zu nehmen von einem Tier, das uns ans Herz gewachsen war.
,,Ich weiß, ich weiß, du hast schlechte Laune", sagte mein Mann nachsichtig an dem Tag, den wir für Nossis Freilassung ausgewählt hatten.
,,Nein", entgegnete ich, ,,aber ich mache mir Sorgen. Stell dir mal vor, Nossi wird von unserem Waldkauz gefressen."
Mit ,,unserem" Waldkauz meinte ich jenen Kauz, den ich großgezogen und einige Tage zuvor freigelassen hatte, nachdem er in der Voliere auf das Schlagen von Mäusen bestens vorbereitet worden war. Wir hatten ihn dort freigelassen, wo wir für Nossi einen Nistkasten aussuchen wollten.
Mein Mann, selbst von schlimmsten Gedanken geplagt, versuchte, meine Bedenken zu zerstreuen.
,,Du denkst immer gleich an das Schlimmste. Warum sollte ausgerechnet der Kauz den Nossi fressen? Und wenn . . . ? Das ist halt die Natur."
,,Ja, die Natur ist grausam", steigerte ich mich in mein Selbstmitleid.
Ich wußte, daß ich Unrecht hatte. Die einzige Alternative war das Zurückgeben des Tieres in die Natur, in den angestammten Lebensraum. Trotz alledem gab es immer wieder Tiere, an denen ich

besonders hing, und der Abschiedsschmerz plagte mich schon tagelang vorher. Mein Mann wußte das. Er wußte auch, daß ich an diesen Abschiedstagen selten guter Dinge war.
„Es wird schon gutgehen", sagte er zuversichtlich und behandelte mich für den Rest des Tages wie ein rohes Ei. Abends dann machten wir uns mit Nossi auf den Weg.
Es begann zu dämmern, und wir erreichten bald das Waldstück inmitten eines Vogelschutzgebietes. Hier und da piepste oder zirpte es in den Baumkronen, huschte etwas durch das raschelnde Laub. Sonst einsame Stille.
„Vielleicht finden wir einen Nistkasten mit einer Fledermaus", sagte ich leise.
Mein Mann nickte: „Das wäre gut für Nossi. In der ersten Nacht so alleine . . ."
„Wir müssen eine Lichtung suchen. Fledermäuse lieben Lichtungen."
„Woher weißt Du das?"
„Ich habe das irgendwo gelesen", antwortete ich, und ich war stolz auf meine neuerworbenen Fledermauskenntnisse.
„Guck mal, da drüben hängt ein Kasten!" Mein Mann deutete auf eine mächtige Buche, die zwischen zwei Fichten an einer Wegkreuzung stand.
Ich betrachtete zweifelnd die grüngestrichene Vogelbehausung: „Wie sollen wir denn da rankommen? Der Kasten hängt doch viel zu hoch."
„Das ist doch gut, wenn er hoch hängt", meinte mein Mann, „da kommt nicht jeder ran."
Und so wie weiland der Knappe dem Edelfräulein auf das Pferd half, hielt er mir seine Handflächen entgegen, um mich am Baumstamm hochzuheben. Nicht einen Zentimeter hätte ich kleiner sein dürfen. Meine Fingerspitzen erreichten die Öffnungsklappe und vorsichtig schob ich sie beiseite.
„Ach du lieber Gott!" rief ich gedämpft zu meinem Mann hinab. „Ein Monstrum!"
„Waaas? Mach schnell, ich kann dich nicht mehr länger halten!"
Ich schloß schnell den Deckel und erlöste meinen Mann von seiner süßen Last.

„Was war denn los?" wollte er wissen.

„Da war eine Fledermaus drin", antwortete ich noch immer überrascht, „dreimal so groß wie Nossi! Mit riesenhaften Ohren. Sicher eine Großohrfledermaus."

Es blieb uns nichts anderes übrig, als weiterzusuchen. Wir wollten Nossi nicht der Gefahr aussetzen, von diesem größeren Tier totgebissen zu werden.

Hinter einem Birkengehölz lag eine mit spärlichen Gräsern bewachsene Lichtung. Und hier fanden wir Raimer.

Raimer, ein Vogelschützer erster Güte, der den Wald wie seine Westentasche kannte. Kein Habichtshorst, kein Stockentengelege blieb ihm verborgen.

„Wollt ihr ein Abendpicknick machen, oder wieder einen Kauz aussetzen?" begrüßte er uns.

„Du wirst lachen", antwortete ich, „diesmal ist es eine Fledermaus."

Raimer zeigte auf einen silberschimmernden Birkenstamm: „Da oben in der Nisthöhle ist auch eine drin."

Nun, diesmal spielte die Höhe keine große Rolle. Ich hatte jetzt ja zwei kräftige Männer, die mich hochstemmen konnten. Wieder stieg ich nach oben, öffnete den Nistkasten. Wahrhaftig, da hing eine Fledermaus, Nossi zum Verwechseln ähnlich!

„Raimer, du bist ein Schatz!" rief ich leise nach unten, „darauf trinken wir nachher einen!"

Zunächst freute ich mich heftig über Nossis neuen Gefährten, doch als ich meineFledermaus aus dem Kästchen holte, kam der Abschiedsschmerz wieder über mich.

Aber ich dachte an den schönen dunklen Wald, der nun Nossis Heimat sein würde. Dorthin gehörte sie. Ein letztes Streicheln über den samtweichen Rückenpelz: „Machs gut, Nossi, und paß schön auf dich auf."

Es war fast rührend anzusehen, wie Nossi brav an der rauhen Innenwand des Nistkastens hochkletterte und sich hinterrücks neben ihrem Ebenbild aufhing.

„Es war ein wunderschönes Erlebnis, einmal eine Fledermaus großzuziehen," sagte ich beim Absteigen von meinem Männerturm.

„Ich kontrolliere morgen mal den Nistkasten", sagte Raimer, während wir durch den nachtdunklen Wald seinem Haus zuschritten.
Dort saßen wir dann gemütlich auf der Terrasse und stießen mit einem guten Tropfen auf Nossi an.
Zwei Tage später kam ein Anruf von Raimer. Er hatte den Nistkasten kontrolliert und leer vorgefunden. Sicher hatten die beiden Gefährten der Nacht einen anderen Unterschlupf gefunden. Ich hoffte es und mochte nichts anderes denken.
In der Presse erschien Nossis Bild mit folgendem Text, der mir gut gefiel: „Draculinchen ist wieder in der freien Natur und geistert nächtens durch das Kinzigtal."
Seit jener Zeit habe ich mein Herz für Fledermäuse entdeckt. Sie werden oft mit Abscheu betrachtet und man erzählt über sie die wildesten Geschichten.
Meine Antwort: Fledermäuse sind nicht nur äußerst nützlich, sondern auch ganz allerliebste Tiere.

HR 3 und die Igel

Die eingangs geschilderte Igelschwemme kann ich, verglichen mit jener, die im folgenden Jahr auf mich zukam, nur mit Schwemmchen bezeichen.
Mitte Oktober fiel der erste Schnee. Ein Kälteeinbruch ließ sämtliche Granien und andere Balkonblumen erfrieren. Niemand hatte damit gerechnet. Hie und da steckten sogar noch Dahlienknollen in der Gartenerde. Nach einem sommerlich warmen September ein zu krasser Übergang in die kalte Jahreszeit.
Und just in diesen Tagen begann es bei uns zu „igeln". Innerhalb einer Woche hatte man uns mit sechsundzwanzig Stacheltieren beglückt und es wollte kein Ende nehmen. Wenn es nicht an der Wohnungstür klingelte, läutete das Telefon. Viele Igelfinder nämlich behielten die Tiere, erwarteten aber von mir Aufklärung über Unterbringung und Verpflegung. In jenen Tagen war ein warmes Mittagessen Seltenheit und nur ein Wunschtraum.
Mancher Versuch, ein frugales Mahl herzuzaubern, scheiterte an glühenden Kochplatten und eingebrannten Töpfen. Ich staunte über Anrufe aus Gießen, Mannheim und Kassel und fragte einen dieser Anrufer, woher er denn meine Adresse habe. Des Rätsels Lösung: Vom Frankfurter Zoo.
Nun, Hessen ist groß, und jeder, der im Zoo anrief und um Auskunft über Igel bat, bekam meine Telefonnummer. Es war daher nicht verwunderlich, daß meine Telefondrähte heißliefen. Schon morgens um acht Uhr begann die Klingelei und fand oft am späten Abend noch kein Ende.
Manchmal stand ich auf der Treppe und fragte mich, ob ich zuerst unten einen Igelbringer hereinlassen, oder oben den Telefonhörer abnehmen sollte.
Zwei Wochen später, nachdem ich sechsundvierzig Stacheltiere aufgenommen hatte, saß ich mitten in der Nacht verzweifelt im Bett. Wie sollte das nur weitergehen? Mein Mann hatte inzwischen die Waffen gestreckt und aufgegeben, mir diese Frage zu stellen. Dennoch machte ihm meine Ratlosigkeit erhebliches Kopfzerbrechen.

Adolf Hahn im Maßanzug/Foto: Schmidt ▶

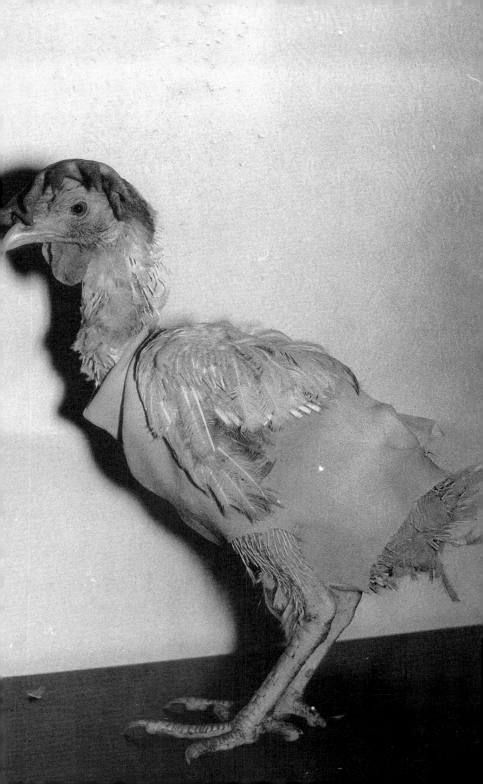

▲ Abgemagert und vereist wurde der Kauz in die Pflegestation gebracht / Foto: Autorin

Eine Eigenheit der Igel, das Selbstbespeicheln / Foto: Autorin ▼

Ich zermarterte mir das Gehirn. Es mußte eine Lösung geben. Ich war auch sicher, daß sie mir irgendwann einfallen würde. Ein Bericht in der Presse über meine Igelschwemme hatte nicht viel gebracht. Nur zwei interessierte Tierfreunde hatten sich gemeldet und waren, wohlvorbereitet auf die Überwinterung der Igel, glücklich mit ihrem neuen Hausgenossen davongezogen.
Der Geistesblitz traf mich, als ich nach durchwachter Nacht am Morgen die Treppenstufen putzte.
Die Grüne Welle HR 3! Das war die Lösung! Die Rettung! Dort mußte man eine Durchsage machen.
Der Putzeimer war vergessen, der Lappen flog in eine Ecke, und ich lief eilends zum Telefon.
,,Hessischer Rundfunk? Ach bitte verbinden Sie mich mit Herrn Sobottka!" rief ich aufgeregt in die Muschel.
Es war Samstag. Und samstags, so wußte ich, waren auf der Grünen Welle Hans Joachim Sobottka und Hanna Pfeil mit netten Zwiegesprächen und Hinweisen zu hören. Ich wurde mit dem Sekretariat verbunden, und eine freundliche Dame versprach mir einen Rückruf kurz vor der Sendung ,,Vergnügt ins Wochenende".
Mein Herz bubberte. Angst vor der eigenen Courage.
Ich rührte mich nicht vom Telefon und wirklich, nach zehn Minuten kam der versprochene Rückruf.
,,Nun wo brennt's denn, Frau Polaschek?" fragte die bekannte Stimme.
,,Ach, Herr Sobottka, Sie sind meine letzte Rettung! Wenn Sie mir nicht helfen, muß ich in einen Wohnwagen ziehen und den Igeln das Haus überlassen!"
Ich erklärte mit kurzen Worten die Lage und fand ein offenes Ohr für meinen ,,Igelnotstand".
,,Wir machen eine Durchsage", tröstete mich Herr Sobottka, ,,aber wundern Sie sich nicht, wenn nachher Ihre Telefonleitung glüht."
,,Ihr Wort in Gottes Ohr!" rief ich erfreut und gab Überwinterungshinweise, meine Adresse und die Telefonnummer durch.
Dann flitzte ich aufgeregt zum Radiogerät.
Es dauerte keine Viertelstunde und die Durchsage kam. Hanna Pfeil schilderte mit netten Worten meine Notlage, und sie bat die

Hörer, wenn irgend möglich, ein Igelchen zu überwintern. Anschließend folgten noch Ratschläge über Fütterung und Unterbringung. Und dann trat das ein, was ich in diesem Ausmaß nicht für möglich gehalten hatte. Frau Pfeil hatte kaum das letzte Wort gesprochen, als mein Telefon klingelte. Der erste Anruf kam aus Wiesbaden. Der zweite aus Bad Homburg. Kaum lag der Hörer auf der Gabel, klingelte es schon wieder. Nach einer knappen Stunde versuchte ich, das Zimmer zu verlassen, schaffte aber gerade die zwei Meter vom Telefon bis zur Tür. ,,Rrrrrring!" Diesmal war es kein Igelabnehmer. Frau Pfeil meldete sich: ,,Ich kann mir schon denken, was bei Ihnen los ist," sagte sie, ,,es ist ja nicht durchzukommen!"
,,Vielen, vielen Dank!" rief ich zurück. ,,Bis jetzt habe ich schon für zwanzig Igel gute Pflegestellen gefunden!"
Auch im Frankfurter Funkhaus liefen die Drähte heiß. Aus diesem Grunde wurde während der Sendung noch einmal meine Telefonnummer durchgegeben.
Gegen Mittag hatte das ,,Igelfieber" vollends um sich gegriffen. Es kamen Anrufe aus Neuwied, Düsseldorf, Mannheim, Limburg. All diese Interessenten verwies ich auf die dortigen Tierheime, die sicherlich auch mit Igelproblemen kämpften.
Ich sprach an jenem Samstag sicherlich mehr, als sonst in vierzehn Tagen. Es ist nicht möglich, einen Igel zu vermitteln, ohne vorherige Hinweise über die richtige Haltung während des Winters. Einige Anrufer wollten das Tier im dunklen, kalten Kohlenkeller unterbringen, einige in der Küche oder im Wohnzimmer. Auch zeigten sich manche Mütter recht erfreut über ein neues, niedliches Kinderspielzeug. Hier mußte ich entweder Aufklärung geben oder ganz und gar eine Abgabe verweigern.

Mein Mann, der Glückliche, war während der ganzen Igelaktion außer Haus gewesen. Als er gegen Mittag hungrig und nichtsahnend nach Hause kam, fand er nichts zu essen vor. Ihn erwartete eine Küche, die an London im Nebel erinnerte. Bei einem Versuch, mir schnell eine Tasse Kaffee zu machen, hatte ich vergessen, den Heißwasserbereiter auszuschalten. Er kochte und brodelte und die ganze Küche war mit Dampf erfüllt.

„Du wirst noch alle elektrischen Geräte ruinieren!" rief mein Mann ungehalten. „Was ist überhaupt los?"
„Während des ganzen Vormittags habe ich versucht, dich anzurufen. Hattest du den Hörer nicht richtig aufgelegt?" O je, dachte ich, schlechte Laune, leerer Magen und dann kein Mittagessen.
Ich versuchte, möglichst freundlich alles zu erklären. Es blieb dabei. „Rrrrrring!" Schon wieder Telefon.
Während ich mich mit dem Anrufer unterhielt, ging mein Mann in die Küche. Sein Gesicht verriet Sturm, und ich hätte schwören mögen, daß er im Moment alles andere lieber gesehen hätte als einen Igel. Doch das Schicksal nahm seinen Lauf. Es klingelte an der Wohnungstür und es blieb meinem Eheliebsten nichts anderes übrig, als zu öffnen. Mittlerweile hatte er aber selbst wieder den Heißwasserbereiter angeschaltet, um sich eine Tasse Kaffee zu machen. Diesmal war ich es, die das nützliche Küchengerät rettete.
Ich werde mir zu Weihnachten ein Gerät wünschen, das sich selbständig abschaltet, ging es mir durch den Kopf, als ich hinunter zum Igelzimmer ging.
„Sage mir, wo ich die noch alle hinsetzen soll?" fragte mein Mann und hielt mir einen Karton mit sechs kleinen Igeln entgegen.
„Morgen gibt es Platz", antwortete ich hoffnungsvoll, und ich fand hier unten, weitab vom Telefon die Gelegenheit, meinem Mann die Ereignisse, des Vormittags zu schildern. Wir wogen die Neuankömmlinge, entflohten sie, versorgten sie mit Futter und suchten dann in der Gefriertruhe nach einer Gemüsesuppe für unsere hungrigen Mägen. Das Erhitzen dieser Suppe auf dem Elektroherd überwachte mein Mann mit Argusaugen.
Ich saß bereits wieder am Telefon. Am späten Nachmittag hatte ich alle Igel vermittelt und legte eine Warteliste an für die Tiere, die im Laufe des Winters noch hereinkommen würden.
Am Sonntagmorgen gegen acht Uhr kam bereits wieder ein Igelanruf. Um die Erdäpfel für das sonntägliche Mittagessen von ihrer Schale zu befreien, brauchte ich zwei Stunden. Nicht nur die Anrufer hinderten mich an dieser wichtigen Arbeit, sondern auch jene Leute, die jetzt ankamen um ihre Pflegetiere abzuholen. Und sie kamen nicht alleine. Sie kamen mit Opas, Omas, Tanten und Kindern. Die Igelabnehmer hatten aus der Fahrt zu mir einen Familien-

ausflugstag gemacht. Mein kleines Igelzimmer glich einer Sardinenbüchse. Voll bis zum Rande. Trotzdem gab ich für jeden Igel ausführliche Ratschläge mit auf den Weg. Es wurde erzählt und gefragt, wie immer, wenn sich Tierfreunde treffen. Gegen Mittag war mir hundeelend zumute. Mein Mann hatte inzwischen am Telefon die Stellung gehalten und sich mit dem vom Programm gestrichenen Mittagessen abgefunden.

„Wie siehst du denn aus?" empfing er mich, als ich während einer Verschnaufpause nach oben kam.

„Ich glaube, ich kann bald nicht mehr", sagte ich matt.

„Da hat eben jemand angerufen wegen einer Eule. Die hing irgendwo im Stacheldraht und hat eine Flügelverletzung."

„Auch das noch", antwortete ich gequält, „wird sie gebracht?"

„Ja, in einer Stunde etwa."

Dicker konnte es an diesem Tag wirklich nicht kommen.

Wer die Geister rief . . .

Ich selbst war es und durfte mich nun auch nicht beschweren. Glücklicherweise besuchte mich am Nachmittag eine gute Freundin. Ich überließ ihr die Aufklärung der Igelabholer und kümmerte mich um die Reinigung der leeren Igelboxen. Ich konnte einfach nicht meht reden.

Inzwischen war auch die Eule eingetroffen. Eine Schleiereule mit einem erbsengroßen Loch in der Muskulatur am Ansatz der rechten Schwinge. Die Knochen waren unversehrt, und es bestand Hoffnung, das Tier zu retten. Bei heilungsfördernder Behandlung würde sie sich bald wieder ihres Lebens in der freien Natur erfreuen können.

Gegen Abend gab es noch einmal eine Aufregung für mich. Ein älterer Mann stand vor der Tür: „Guten Abend, ich habe einen Igel gefunden und möchte mich mal ein bißchen erkundigen, wie das so geht."

Ich spulte also, ich weiß nicht zum wievielten Male an diesem Tag, meine Platte über die Unterbringung der niedlichen Stacheltierchen ab. Ich hatte das Gefühl, irgendwann einmal in einen Spiegel schauen zu müssen. Die ersten Anzeichen von zartsprießenden Fransen an meinen Lippen hätten mich nicht gewundert.

Der Igelfinder zeigte sich interessiert und ich drückte ihm zum Ab-

schluß meiner Unterweisungen ein Igelmerkblatt in die Hand.
„Tja", sagte er, „ich will den Igel ja gar nicht behalten. Herbringen will ich ihn, aber nur, wenn's nichts kostet."
Das schlug doch dem Faß den Boden aus!
Und dann sagte er noch: „Wenn's was kostet, lasse ich ihn lieber wieder laufen."
Eine kleine Wut stieg in mir auf. Dennoch sagte ich in gemäßigtem Ton: „Warum spielen Sie denn hier auf Kosten an? Davon ist doch gar keine Rede."
„Ach wissen Sie", meinte der Mann, „ich will ja, daß das arme Tierchen durchkommt. Aber was dafür bezahlen, nee!"
Und dann fügte er noch gönnerhaft hinzu: „Ich könnte ihn ja auch behalten. Aber dann müßte er sich mit Haferflocken begnügen. Kaufen würde ich nichts für ihn."
Meinem Seelenzustand angemessen, hätte ich am liebsten nur ein Wort gesagt: Raus!
Aber ich wollte doch den Igel haben. Und den hatte der liebenswerte Herr nicht dabei. Ich schluckte mühsam meinen unverdauten Ärger hinunter.
„Bringen Sie den Igel bitte her." Das „bitte" kostete mich Überwindung. „Wir haben schon so viele Tiere hier, aber für Ihren Igel auch noch Platz und ein paar Mark für das Futter übrig."
Mein Besucher trottete von dannen und kam wirklich nach kurzer Zeit mit dem Igel wieder. Ich hatte in der Zwischenzeit bei Freundin und Mann Dampf abgelassen.
„Ich weiß gar nicht, was du willst", sagte mein Mann später mit hinterhältigem Grinsen, „der Mann ist doch in Ordnung. Schließlich hat er das Tier aufgenommen und hierher gebracht. Das würde auch nicht jeder machen."
„Ja, ja, wenn er nur nicht von den Kosten angefangen hätte. Das hat mich auf die Palme gebracht. Als ob wir jemals die Annahme von hilfsbedürftigen Tieren von Geldspenden abhängig gemacht hätten!"
Mein Nervenkostüm war auf das äußerste strapaziert. Trotzdem schlief ich in der folgenden Nacht sehr gut. Das Igelproblem war gelöst. Dachte ich! Wer hätte auch ahnen können, daß wir vierzehn Tage später wieder mit mehr als vierzig Igeln dasitzen würden?

Die Interessenten auf der Warteliste reichten bei weitem nicht aus und es bliebnichts anderes übrig, als wieder die Presse um Hilfe zu bitten. Eine erneute Durchsage bei HR 3 war nicht möglich gewesen.

Die ersehnte Rettung brachte diesmal die „Nachtausgabe". Ein einsichtiger Redakteur schickte mir sofort einen Reporter und nachdem Bild und Hilferuf erschienen waren, konnte ich die meisten meiner Igel abgeben.

Nach dieser Aktion hatte der Arzt einige Mühe, meinen labilen Kreislauf wieder in Ordnung zu bringen.

Und dann kam der Ärger. Der riesengroße Ärger!

Es wurde und es wird mir auch heute noch immer wieder mehr bewußt, daß ich von Glück sagen kann, wenn von einhundertfünfzig vermittelten Igeln wenigstens einhundert gut durch den Winter kommen. Warum schaffe ich Igelaufklärung bis ins kleinste Detail, wenn nachher meine Ratschläge nur teilweise oder überhaupt nicht befolgt werden? Da wird ein Igelchen in einer kleinen Obstkiste untergebracht. Diese wiederum steht in der feuchten Waschküche. Wen wundert es da noch, wenn der kleine Stachelkerl das Weite sucht und lieber in einem Haufen schmutziger Wäschstücke sein Quartier bezieht. Er kann nicht wissen, daß diese in die Waschmaschine gesteckt werden, und er, mitgekocht, einen qualvollen Tod erleidet. Die Nachricht dieses Unfalles erreichte mich am 23. Dezember und bescherte mir ein getrübtes Fest der Freude.

Im Januar erhielt ich Kenntnis von weiteren Unfällen. Ein kleiner Igel mußte sterben, weil man es besonders gut mit ihm gemeint hatte. Ein ganzes Zimmer stand ihm zum Laufen zur Verfügung. Es war leer bis auf den Heizkörper. Der Igel verklemmte sich zwischen den Rippen und ging elend zugrunde. Andere Igel wieder fingen an zu husten, aber man scheute den Gang zum Tierarzt. Teils des Geldes wegen, teils aus Bequemlichkeit und Zeitmangel. Vielleicht aber auch, weil man, entgegen meiner Aufklärung, dem Husten keinerlei Bedeutung beimaß. Schlimm genug erging es auch einem Igel, der tagelang im Puppenwagen herumgefahren wurde. Immer, wenn die Kinder spielen wollten, rissen sie das Tier aus seinem wichtigen Tagesschlaf. Schließlich verweigerte er die Futteraufnahme und verendete. Traurig auch der Fall des „Pfann-

kuchenigels". Aus falsch verstandener Tierliebe erhielt er als tägliche Mahlzeit nichts außer Eierpfannkuchen mit Zucker. Als auch er schließlich erkrankte, brachte man ihn in ein Tierheim. Dort wurde die Igelüberbringerin darüber aufgeklärt, daß der Igel ein Fleischfresser sei und daß man ihn so gut es eben ging auch artgerecht ernähren müsse. Die lakonische Antwort: ,,Das habe ich nicht gewußt, und außerdem stinkt er."
Wenn man die Unterkunft, die der Igel bewohnt, nicht täglich von den Exkrementen reinigt, stinkt es natürlich. Wie oft höre ich in der nächstfolgenden Igelsaison die Antwort: ,,Wir nehmen keinen mehr, das ganze Haus hat gestunken." Alleine aus diesem Grunde bin ich alljährlich gezwungen, ein Drittel meiner Igelabnehmer wieder aus meiner Kartei zu streichen.
Die tägliche Reinigung nimmt allerhöchstens zehn Minuten in Anspruch.
Ach, es wäre alles so einfach, wenn ...
Das Halten von Igeln als Haustiere ist eine Seite von Tierliebe, die mir nicht minder Sorgen bereitet. Wie oft werden Igel mit Zwerghasen und Meerschweinchen zusammengesetzt. Ach, das ist ja so süß!
Zu allem Übel werden die kleinen Igel noch mit Milch gefüttert und das bedeutet für diese schwachen Tiere den sicheren Tod. Sie sind verseucht mit Innenschmarotzern und wenn nicht sofort eine Behandlung erfolgt, geht es für die armen Tiere schlimm aus. Obwohl es laut Naturschutzgesetz verboten ist, einen Igel während des ganzen Jahres zu behalten, schlüpft man fröhlich durch die Maschen des Gesetzes und behält das Tier, weil es so niedlich ist und weil es in der so ,,arg grausamen Natur" ja umkommen könnte. Jede Igelhilfe hat ihren Sinn verloren, wenn man die Tiere nicht wieder in den angestammten Lebensraum zurückgibt, wenn man nicht bereit ist mitzuhelfen, den Fortbestand dieser überaus nützlichen Schädlingsvertilger zu sichern.
An dieser Stelle erinne ich mich an einen Fall, der mein Gemüt stark belastete.
Im allgemeinen, so meine ich, müßte sich ein Gartenbesitzer doch glücklich preisen, wenn eine muntere Igelfamilie Nacht für Nacht den gefräßigen Schnecken im Salatbeet zu Leibe rückt. Hier aber

erschlug ein roher Mensch die Igelmutter mit ihren kleinen Jungen auf grausame Weise, weil er, als sie im Salatbeet ihrer nutzbringenden Tätigkeit nachgingen, die abgefressenen Pflanzen auf ihrem Konto verbuchte.
Nun, wo viel Schatten ist, muß es auch Licht geben. Es tröstet mich, daß ich Anrufe und Briefe von guten Igelvätern und Igelmüttern erhalte mit erfreulichen Nachrichten. Sie sind in der Mehrzahl und man möge mir meine Kritik an Menschen verzeihen, die sich Igel in das Haus nehmen, unzulänglich unterbringen, nicht genügend betreuen und sich auch nicht darüber belehren lassen, daß ein Igel weder ein Haustier noch ein Hobbytier ist und schon gar nicht ein Kinderspielzeug.

Leid und Freud

Wie unendlich leer wäre unser Leben ohne die Freude, die uns durch die bunte Tierwelt zuteil wird. Doch Freud und Leid liegen nahe beieinander. Das wissen am besten die Mitarbeiter der Tierschutzorganisationen.
Da sitzt das kleine Zwerghäschen unter dem Weihnachtsbaum. Es wird bewundert und liebkost, weil es so niedlich ist wie alle Tierkinder. Nach einigen Wochen schon ist es gar nicht mehr so interessant und zur Urlaubszeit wird es sogar lästig. Es hat Glück, wenn es nicht bei einem Versuchstierhändler, sondern in einem Tierheim abgegeben wird.
Auch Schweinekinder sind niedlich. Sie sind aber nicht nur dazu da, verspeist zu werden, wenn sie einmal groß sind, sondern man benutzt sie auch hin und wieder als Glückssymbol. Ich denke da an eine bestimmte Sylvesternacht. Die Verlosung eines Glücksschweines war die Attraktion in einer Gaststätte. Ein trauriges Los für das Schwein. Als die Fete ihren Höhepunkt erreicht hatte, fanden es die Gäste lustig, mit dem Ferkelchen Ball zu spielen. Das Tier wurde durch die Luft gewirbelt, gefangen und immer wieder geworfen. Niemand nahm Notiz davon, daß es vor Angst zitterte. Der Mensch, dieser alles verschlingende Moloch, hatte es in seiner Gewalt. Und doch fand sich gegen Morgen eine mitleidige Seele. Sie brachte das Ferkelchen in ein Tierheim. Dort schlief es lange Stunden, bis es endlich wieder Nahrung zu sich nehmen konnte. Liegend — zum Stehen war es noch zu sehr erschöpft.
Ein Bericht über dieses „Glücksschwein" stand wenige Tage später im Tageblatt. Was mögen wohl unsere Kinder gedacht haben, als sie das lasen? Vielleicht an die Worte der Erwachsenen mit mahnend hocherhobenem Zeigefinger: „Quäle nie ein Tier zum Scherz, denn es fühlt wie du den Schmerz!"
Und sicherlich haben drei kleine Buben ein bißchen Achtung vor den Erwachsenen verloren. Jene drei Buben nämlich, die mich in der Weihnachtszeit besuchten, und die ich meine „Drei Weisen" nannte. Mit rotgefrorenen Nasen standen sie vor meiner Haustür. Sie mögen acht Jahre alt gewesen sein.

„Wir wollen Sie mal besuchen und nach den Igeln gucken." Besuch war mir nicht recht. Ich war am Backen und am Putzen wie alle Hausfrauen in dieser Zeit. Doch da fiel mir ein Gepräch ein, das ich im Laufe des Sommers mit einem Biologielehrer geführt hatte. Über die Hälfte der Kinder in seiner Klasse hatten noch nie einen lebenden Igel gesehen. Also ließ ich die Kleinen herein und führte sie umher. Sie bestaunten das Igelzimmer mit den vielen jungen Stacheltieren, die dort den Winter verbrachten. Auch durften sie sich die gefiederten Patienten ansehen, die gerade in meiner Vogelpflegestation untergebracht waren. Ich erklärte ihnen, daß ein Mäusebussard kein Falke sei, die Raben keine Elstern und meine Rottweilerhündin kein Dobermann.

Sie waren mächtig stolz, weil sie so viel gesehen und gelernt hatten. Als wir unseren Rundgang beendet hatten, standen sie unschlüssig da. Traten von einem Fuß auf den anderen und es kam mir so vor, als ob sie noch etwas auf dem Herzen hätten, sich aber nicht trauten, ihren Wunsch auszusprechen.

Plötzlich streckte einer der Drei seine zur Faust geballte Hand aus, strahlte mich an mit seinen tiefblauen Augen und sprach: „Wir haben Ihnen auch etws mitgebracht!"

Er öffnete die Hand und ein glänzendes Fünfmarkstück kam zum Vorschein.

„Wir haben gesammelt, weil Sie doch so viel Futter für die Tiere brauchen."

„Das ist mein schönstes Weihnachtsgeschenk", sagte ich gerührt, und ich meinte es auch so.

„Ach ich hab' auch noch was für Sie!" rief der Kleine, mit dem schwarzen Wuschelkopf. Er kramte in seiner Hosentasche, holte ein Zehnpfennigstück heraus und hielt es mir glückstrahlend entgegen.

Ist es da verwunderlich, daß ich an die „Drei Weisen aus dem Morgenland" dachte?

Später dann trotteten sie fröhlich winkend davon – meine Drei Weisen in Blue Jeans.

Ein anderes, erzählenswertes Erlebnis hatte ich im darauffolgenden Frühjahr. Auch in einer Vogelpflegestation geht es nicht immer ohne Pannen ab. Mag man aufpassen, so viel man will. Für einige Aufregung sorgte ein stattliches Habichtweibchen. Obwohl entkräftet, wußte sich der Greifvogel dennoch tapfer zu wehren. Tief bohrten sich seine Fänge in meinen schützenden Lederhandschuh. Ich fand keine Spur von Angst in den Augen des wilden Jägers. Orangerot leuchtete die Iris, groß und schwarz die Pupille. Unterwerfen? Niemals! Ein unerschrockenes, wehrhaftes Tier. Trotzdem mußte es sich beugen. Mußte hinnehmen, daß ich es in entwürdigender Weise auf den Rücken legte, um die Verletzungen zu untersuchen.

Ein bohnengroßes Loch in der rechten Schwinge hatte dem Beutemachen ein Ende gesetzt. Ich reinigte die Wunde und versorgte sie mit Penicillinpuder.

Wen wundert es, wenn einem bei solchen Verletzungen trübe Gedanken durch den Kopf gehen? Hatte ein Schuß diese Wunde herbeigeführt? Ich war fast sicher. Immer wieder werden Vogelschützer auf diese Untaten stoßen. Erst einige Wochen zuvor hatte ich davon erfahren, daß ein Mann, den man später für seine Tat verantwortlich machen konnte, auf Turmfalken geschossen hatte.

Unserem Habicht war Glück im Unglück beschieden. Unter- und Oberarmknochen waren unversehrt geblieben und die Fleischwunde bereitete mir nicht sehr viel Sorgen. Unsere halbdunkle, gekachelte Krankenbox nahm den Vogel auf, und dort schlang er gierig die Atzung (Nahrung) in sich hinein. Der wilde Greif, verletzt in Menschenhand gefallen, will leben.

Schöne Stunde der Muße. Das Betrachten eines Tieres bei der wichtigsten Tätigkeit in seinem Leben. Das Habichtweibchen wird leben. Zwei, drei Wochen vielleicht und bei guter Wundheilung durfte sie bald den geliebten Wald, die hohe blaue Weite des Himmels wiedersehen. Durfte im uralten Balzspiel mit einem Partner die Lüfte durchsegeln.

Bald hatte sich der Kropf meiner Patientin sichtbar gefüllt. Ruhig stand sie, ließ mich nicht aus den Augen. Ein faszinierendes Tier. Graubraune Schwingen bedeckten den Körper. Das weißliche Brustgefieder war durchwoben von feiner, schwarzer Querbänderung.

Schmale Nasenlöcher lagen eingebettet in die zitronengelbe Wachshaut. Grauschwarz war der leicht geöffnete Hakenschnabel. Die großen, hühnerartigen Füße leuchteten ebenso gelb wie die Wachshaut der Nase. Spitz zulaufende Krallen überzeugten, daß kein Beutetier aus dieser Umklammerung zu entrinnen vermochte. Wie stark unsere Patientin wirklich war, erfuhr ich nach knapp drei Wochen. Wie vorausgesehen, war die Wunde gut abgeheilt und mit dem bloßen Auge zwischen den Flaumfedern kaum noch wahrzunehmen. Die Schwinge hatte die volle Spannweite und es stand einer Freilassung nichts mehr im Wege. Ich beabsichtigte, das Habichtweibchen dort freizulassen, wo man es gefunden hatte. Es war Mitte März, Balzzeit, und sehr gut möglich, daß es dort einen Partner zurückgelassen hatte.

Am Morgen dieses denkwürdigen Tages unterzog ich das Tier noch einmal einer genauen Untersuchung und – weiß der Himmel wie es geschehen konnte – ich hatte plötzlich keine Gewalt mehr über das zappelnde Kraftbündel. Lag es an den dicken, steifen Handschuhen? Ich weiß es heute nicht mehr, und ich wußte es auch damals nicht. Bis zu jenem Tage war mir niemals ein Greifvogel entkommen, und ich hatte derer schon eine stattliche Anzahl in meiner Pflege. Dieses wilde Habichtweib schaffte es. Sie drehte eine einzige Runde im kleinen Kellerzimmer, das in seiner ganzen Länge nur vier Meter mißt, zischte an meiner Nase vorbei und auf das geschlossene Fenster zu. Betroffen stand ich da. Unfähig, irgend etwas zu tun. Hatte in diesen schrecklichen Sekunden nur einen Gedanken: Es war alles umsonst. Sie wird sich an der Scheibe zu Tode fliegen.

Weit gefehlt. Ein gewaltiges Klirren, splitterndes Glas! und weg war sie, meine Wilde, Schöne. Ich traute mich nicht in den Hof. Sah sie dort liegen. Verblutend, mit Schädel- und Genickbruch. Vielleicht konnte ich ihr doch noch helfen? Ich rannte hinaus, schaute suchend nach allen Seiten, auf die Erde. Nichts! Nur Glassplitter. Weit verstreut lagen sie auf den grauen Zementplatten. Plötzlich hörte ich ein Rufen: ,,Was ist denn da bei Ihnen aus dem Fenster gezischt?" Der Nachbar stand an der Mauer und schaute zu mir herüber.

,,Wo ist sie?" rief ich atemlos. ,,Das war ein Habicht!"

,,Ach, ein Habicht? Tja, der ist ab. Da oben über die Dächer!" Dabei machte er eine weit ausholende Bewegung mit dem Arm. Gott sei Dank. Sie lebte noch. Noch? Zweifel plagten mich. Viel-

leicht hatte sie durch den Aufprall Blutungen im Gehirn? Lag jetzt irgendwo draußen in der Feldflur. Ich mußte sie suchen. Ein aussichtsloses Unterfangen. Ich sah es bald ein. Krähen, Eichelhäher, Mäusebussarde. Alles sah ich. Von meinem Habicht keine Spur. Zu Hause untersuchte ich die Fensterscheibe. Kein Blut, kein Federchen, nichts war an den scharfen Glaskanten zu sehen. Ich tröstete mich mit dem Gedanken, daß die Glasscheibe schon einen Sprung gehabt hatte. Sicher war dadurch der Widerstand für meine Ausreißerin nicht so stark gewesen. Sie hatte schon eine tolle Leistung vollbracht in ihrem Freiheitsdrang. Nicht, daß sie bei nur vier Metern Anflugweg schon so einen mächtigen Dampf drauf hatte, nein, das meine ich nicht. Auch nicht, daß sie durch die Glasscheibe geschossen ist. Das meine ich auch nicht. Ich habe aber noch nicht erwähnt, daß unser Kellerzimmerfenster mit einem schmiedeeisernen Gitter versehen ist. Die breiteste Stelle zwischen den Rippen beträgt nur siebzehn Zentimeter!
Einige Tage später bekannte ich Farbe. Unterrichtete die Mitglieder jener Vogelschutzgruppe, die mir den Habicht gebracht hatten, von dem Vorfall. Und da erhielt ich eine wunderbare Nachricht. Mein Habicht, mein ,,Fensterhabicht" war an seinen Horst zurückgekehrt. Vogelschützer nämlich kennen Habichtshorste. Sie wissen auch immer, ob sich dort ein oder zwei Altvögel aufhalten. Während der ganzen Zeit, in der meine Wilde hier gepflegt wurde, war der Terzel (männlicher Habicht) alleine am Horst gewesen. Und dann, vor einigen Tagen war plötzlich wieder ein Weibchen da. Sie hatten sich sehr gewundert, die Vogelschützer, wußten sie doch nicht, daß es die rechtmäßige Angetraute dieses Strohwitwers war, die in ihrem unbändigen Freiheitsdrang weder Glas noch Metall gescheut hatte, um zu ihrem Horst zurückzukehren. Die Vogelschützer aber vermuteten dieses Tier immer noch bei mir.
Wundersame Dinge kann man mit Tieren erleben.
Ich habe sie erlebt und könnte Seite um Seite füllen. Doch der Mai steht vor der Tür. Die schöne Zeit der Jungvögel und des erwachenden Lebens. Dann wieder werden meine beiden Hände gebraucht für Amseln, Mauersegler, Meisen. Ich danke sehr dafür, daß es euch gibt, ihr Befiederten, Bestachelten, Behaarten. Gäbe es euch nicht, wie arm und leer wäre mein Leben.

Habicht greift Hasen

BERND CIBIS

Gefiederte Pflegekinder

128 Seiten mit 5 Textillustrationen, 10 zum Teil farbige Abbildungen, lam. Pappband, DM 16,—.

In seinem Heimatort ist der Verfasser als Tier- und Vogelfreund bestens bekannt. Ebenso bekannt ist dort aber auch, daß er schon mit großem Erfolg elternlose Tiere und vor allem Jungvögel unter schwierigen Umständen großgezogen hat, obwohl die Vögel durch Unterkühlung und Futtermangel bereits geschwächt oder schwer verletzt waren. Was Wunder, daß dem Autor nun dauernd aus dem Nest gefallene Vögel gebracht werden, doch hindert ihn sein Beruf daran, für die Vögel so tätig zu werden, wie er es gern möchte.

Weil es aber notwendig ist, möglichst viele Vögel zu retten, möchte er seine Erfahrungen bei der Aufzucht und Pflege von Vögeln auch anderen Menschen mitteilen, damit ihnen eine Anleitung gegeben wird, was sie tun müssen, um die Vögel zu retten. Der Verfasser erzählt seine Erlebnisse in einer eindringlichen Art, die den Leser das unmittelbare Erleben spüren läßt, ohne dabei seine Pfleglinge zu vermenschlichen.

Bei ihrer Behandlung verbindet er Zweckmäßigkeit mit Einfühlungsvermögen. Kein Vogelfreund wird sich der Dramatik der einzelnen Rettungsaktionen entziehen können, aber ebenso wird er das Buch mit Gewinn lesen, weil praktische Hinweise zur Behandlung von Vögeln gegeben werden.

Verlag J. Neumann-Neudamm